AF342725

&L 15
n
125

1914-1919

Livre d'Or

des

Anciens Elèves

de

l'Institution Saint-Louis

de

SAUMUR

LIVRE PREMIER

EXTRAITS DE LETTRES

D'ANCIENS ÉLÈVES

AVANT-PROPOS

Des lettres d'anciens élèves et de professeurs morts et vivants, qui nous ont été communiquées, nous avons extrait les passages qui nous ont paru le mieux manifester l'esprit qui les anima tous.

Ce n'est pas sans fierté pour Saint-Louis que nous y avons trouvé l'expression des plus beaux sentiments, dont ils ont puisé les principes dans ce cher collège, ou qu'ils inspirent à nos jeunes camarades.

Après des croquis du front et de la tranchée pleins de vie, alertes et émouvants, nous trouverons dans ce pieux recueil la preuve que tous, les élèves comme les professeurs, ont exercé pendant la guerre les vertus militaires et patriotiques les plus hautes.

Ils n'ont jamais oublié qu'ils étaient enfants de Saint-Louis, et ce sont leurs vertus chrétiennes qui se manifestent ici de la manière la plus éclatante. Pour ceux qui sont vivants, c'est un gage du bien qu'ils continueront à faire. Quant à nos chers et glorieux disparus, c'est une consolation pour ceux qui les pleurent et le fondement de la croyance que nous avons de leur bonheur éternel.

CHAPITRE PREMIER

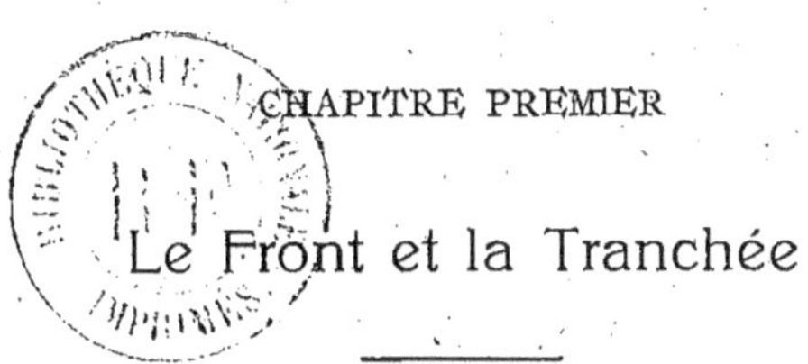

Le Front et la Tranchée

____

Croquis du Front

« Nous avons laissé nos tranchées de la Marne la semaine
dernière, et j'avoue que ce ne fut peut-être pas sans un sentiment de regret : nous commencions à prendre goût à nos sou-
terrains où nous faisions notre vie de jour en jour plus facile
à défaut de plus heureuse. Sans doute les obus ennemis faisaient
chaque jour quelque vide en nos rangs, mais il faisait bien bon
la nuit dans nos cavernes entendre au dehors la musique du
vent en se laissant bercer au dedans par la chanson du feu
clair et réchauffant.

. . . .

« Ces tranchées, où pourtant tant des nôtres encore sont
restés, me laisseront après tant d'autres biens des souvenirs
d'instants fort émouvants. Je ne citerai ici que cette attaque
de nuit où nous étions tellement assoupis, et où la tempête
et le brouillard favorisèrent tellement la marche de l'ennemi
qu'il était déjà sur nous à la baïonnette lorsque notre feu serré,
couvrant le coteau qui nous faisait face de morts et de blessés,
suffit à le mettre en déroute en une heure seulement. Ce jour-là,
il m'est permis de le dire, le ciel se montra manifestement pour
nous. Les Allemands étaient à dix mètres seulement de nous,
lorsque les sentinelles donnèrent l'alarme, et le seul atteint dans
le régiment fut un « Unteroffizier » déjà grimpé sur nos tranchées. Au petit jour nous faisions 40 à 50 prisonniers, blessés
ou saufs, et les morts ne se comptaient pas en avant de nous.

« A 6 kilomètres en avant d'Ypres. En tranchée
à 500 mètres de l'ennemi.

« L. M. 27 /10 /14. »

« Notre situation actuelle est presque intenable. Depuis trois jours nous ne fermons pas l'œil, et toute la nuit se passe en une fusillade qui n'a pour but que d'empêcher l'ennemi de nous approcher. De plus nous devons être perpétuellement tapis dans le fond de nos terriers; quatre de ceux qui m'entourent sont tombés depuis ce matin, frappés mortellement à la tête. Nous avons un ruisseau à 40 mètres en arrière et nous restons privés d'eau : il est impossible de s'aventurer au dehors, et c'est hier soir seulement, après une nuit et un jour, que les brancardiers ont pu venir ramasser les pauvres blessés glacés de froid.

« A 150 mètres seulement de l'ennemi. Dans un trou glacé d'une plaine infernale.

« L. M. 29/10/14. »

« Nous aspirons non pas au repos, non pas à la paix, nous nous contenterions aujourd'hui d'un peu de silence : depuis ce matin une batterie de 75, un peu en arrière de nous, bat des emplacements de mitrailleuses ennemies et de minenwerfer. Je lui pardonne ce vacarme. C'est la batterie de l'abbé J..., un lieutenant d'artillerie qui me disait l'autre jour que dans le monde il ne voyait que deux choses possibles, l'autel et le 75. Cet homme-là doit vous donner l'absolution en un tournemain; il vous repère un créneau de mitrailleuse et le démolit avec semblable rapidité. Ce n'est pas sans exposer courageusement sa vie dans de difficiles reconnaissances. Nous l'aimons beaucoup. Mais, en vérité, quand nous sommes au repos, nous voudrions ardemment vivre dans le calme, dans le silence. Je ne puis pas vous expliquer comment le bruit est parfois pénible à notre système nerveux.

. . . .

« Ces forêts sont bien humides et bien froides. La nuit nous gelons dans nos gourbis, mais nos hommes ont vu pire que cela et ne s'émeuvent plus. Qu'on nous donne seulement à manger et à boire, de bons souliers et de bonnes capotes, et nous tiendrons. Nous voyons tous, nous sentons que la guerre est une affaire de patience, de ténacité. Ne vous usez pas à l'intérieur et vous aurez des gens solides sur le front.
« En somme l'esprit est bon, bon le moral, bon l'état sanitaire. Et comme on ne nous ménage plus les munitions d'artillerie non plus que les grenades, nous n'avons rien à désirer.

« F. A. 18/8/15.

« La vie de tranchée n'est sans doute pas la vie de château, mais je ne suis pas si malheureux; j'ai reçu le baptême du feu : les balles sifflaient, mais je n'étais nullement impressionné.

« J. L. »

« En ce moment je suis passé sacristain de la petite église du village où nous sommes. Avec quelques bons camarades de la batterie et des groupes d'infanterie, nous formons un groupe qui s'occupe de l'église. Il y a une chorale; moi, n'ayant pas une voix très harmonieuse, je tire les cloches, allume les cierges, fais office d'enfant de chœur et de sacristain. J'éprouve un réel plaisir dans mes fonctions. Le dimanche nous avons des messes en plein air, et tous les soirs une bénédiction.

« Nous avons formé dans notre division une association religieuse et patriotique sous la direction de l'éminent abbé Desgranges, de Limoges, qui est notre aumônier divisionnaire. Nous avons à nous enorgueillir d'avoir un tel chef, un bon pasteur très dévoué et très affectueux.

« Le mal de la guerre ne paraît pas si grand aux âmes chrétiennes, car il y a toujours pour elles une grande consolation en Notre-Seigneur. A l'église on se retrouve chez soi, en famille; la paix qui y règne calme nos craintes, et l'on ressent plus fortement encore l'amitié de Dieu.

« P. C. 10/7/15. »

« Ce coin où nous sommes encore en luttes continuelles serait charmant : beaux arbres, chênes, bouleaux, sapins; profondes vallées — des bruyères roses au bord des routes — l'eau qui ruisselle des fontaines.

« La guerre l'a pourtant bien dévasté. Le village que d'ici je vois dans le fond du vallon est traversé de trous d'obus. La grande maison du gentilhomme verrier de l'endroit, pillée; meubles démontés, brûlés, transportés partout dans les camps et dans les postes. Les livres, les objets les plus chers aux familles, les photographies, les portraits, tout cela se rassemble pêle-mêle au hasard du balai sous le billard déchiré. Il y avait une église, je ne la vois plus.

« Dieu fera payer tout cela.

« F. A. 18/8/15. »

« Nous avons à la compagnie un prêtre-infirmier qui dit la messe chaque dimanche. Le soir il y a prière publique! Nous nous réunissons au cercle catholique pour retrouver la paix véritable au milieu d'amis sincères. En résumé, les consolations sont grandes au milieu des ennuis et des fatigues de la vie militaire.

« S. P. 31/1/16. »

« Me voici au fond d'un boyau creusé au flanc d'une cote qui fait actuellement parler d'elle. Les obus éclatent avec un fracas épouvantable — sans arrêt — à 50 et 100 mètres de moi, mais en des points dont j'ai su prévoir l'emplacement approximatif, au fond du ravin constamment battu. C'est une ligne de barrage que... (vlan ! ça éclate à moins de 20 mètres...) messieurs les boches établissent, entretiennent sans un arrêt de 5 à 10 se-

condes (je n'exagère pas) depuis que nous sommes ici. Je frémis
en pensant qu'il me faudra traverser ce rideau de feu ce soir
encore, sautant d'un trou d'obus à un autre, traversant un maré-
cage, suivant un parcours assez long...

« Je suis donc au calme, à l'entrée d'un trou qui ouvre sur
une « cagna » profonde — notre poste de secours avancé. —
Je ne puis m'y tenir — on y étouffe, — Depuis 12 heures il est
encombré de zouaves. Trois sont dehors auprès de moi et exa-
minent les effets de l'artillerie boche. Près de moi aussi, un soldat
qui fut relevé ce matin, après avoir été 6 jours abandonné...

« J'aurais mieux fait d'attendre à plus tard à vous écrire,
car je ne sais aligner mes mots. Je suis si fatigué, je dors quand
je puis. J'étais étendu il y a une demi-heure dans un boyau à
200 mètres d'ici. Ma soutane peut tout souffrir : elle est maculée
de sang, et j'ai dû tomber dans la boue, y enfoncer plus haut que
les genoux, dimanche... Et j'ai eu faim, soif... Depuis hier
j'ai pu trouver un solide ravitaillement. Pensez qu'il y a deux
heures, je fus chez un de nos commandants. On m'offrit de bons
haricots froids dans une gamelle. Je les ai mangés avec un
appétit ! Or, vous allez rire, ce sont ces haricots savoureux
qui m'ont fait penser à Saint-Louis. Je me suis souvenu des
plaintes d'un de mes vieux amis, camarade de Saint-Louis, qui
me disait en gémissant : « On mange ici trop de... faillots ».
Ah ! si M. l'Économe passait ici et distribuait le contenu de ses
marmites, bien chaud, on le vénérerait comme un envoyé de
la Providence. J'imagine qu'au lendemain de cette guerre, si
Dieu nous fait la grâce de traverser cet enfer sans y trouver la
mort, nous ne serons plus empressés à gémir, heureux au con-
traire de souffrir quelques privations...

« H. L. 11/5/16. »

« Dans un remous, sa section, en avant, s'est trouvée cernée
par un double mouvement de forces ennemies. Avec un lieutenant et quelques hommes, J... se dégage l'arme à la main.
De retour aux lignes françaises, les deux chefs de section se
regardent, étonnés l'un et l'autre de se retrouver vivants, sans
une égratignure, après avoir franchi un cercle de baïonnettes
allemandes. Et dans sa grande foi, oubliant son courage pour
ne penser qu'à la protection du Ciel, J... dit à son compagnon :
« Mon lieutenant, je crois que nos prières nous ont sauvé la
« la vie. »

« J. V. »

« Il y a quelques mois, c'était un coin d'épaisse forêt; c'est
aujourd'hui une lande ravagée. De ci de là quelques arbres,
déchiquetés par la mitraille, semblent tordre les bras désespérés
de leurs branches mortes. Le tiède soleil d'avril, cette gaie
lumière de printemps, semble intensifier par contraste cette
vision de guerre...

« Dans ce cadre sinistre s'agite toute une vie souterraine; des centaines d'hommes, que la mort guette à chaque minute, y vivent insouciants et joyeux. Qu'ils sont admirables ces hommes qui, sans exaltation, sans panache, accomplissent chaque jour et chaque nuit un obscur devoir sans se douter qu'ils sont des héros ! Nous participons un peu à la même vie, mais comme elle est moins dure ! Nous nous sentons regardés par nos hommes; nous avons un rang, un prestige à défendre... Ah ! qu'ils sont grands les petits, et quelle tape ils donnent à notre petit orgueil de bourgeois heureux !

« R. G. »

« Je loge dans une sape située sous la maison d'école d'un village reconquis. Dimanche dernier, jour des Rameaux, le prêtre infirmier est venu dire la messe à l'infirmerie. Le commandant de notre bataillon y assistait avec un capitaine de dragons et bon nombre de soldats. Je pense que, demain, nous serons davantage pour célébrer dignement la belle fête de Pâques.

« S. P. 30/3/18 »

Un Aumônier

« Son régiment est sa paroisse aimée; il en a toutes les charges religieuses; il fait des réunions de soldats, prêche, confesse, administre les Sacrements; il en assume aussi les charges morales. Quand les bataillons sont aux tranchées occupant parfois plusieurs kilomètres, il va de réduit en réduit jusqu'aux premières lignes; il visite, il encourage, il console; si un blessé tombe, il est là pour le soutenir, remplace la mère près de celui qui va succomber, l'absout, le prépare à paraître devant Dieu. Il correspond avec les parents inquiets et remplit, avec quelle délicatesse de cœur, le pénible devoir d'annoncer les nouvelles qui portent le deuil dans les familles.

« Il n'est pas à un poste de repos, il vit avec le soldat, de la vie du soldat. A chaque attaque, il prenait part dans le rang, comme les camarades, et, dit le lieutenant Daniel Michenot, « quand le sol frémit et que le ciel tremble, on voyait tout à « coup une forme surgir sur le parapet et dégringoler dans la « tranchée. « Eh bien, les enfants, ça va toujours. » C'est lui, « sa présence réconforte ».

« Il est avec eux devant Loos, pendant la sanglante offensive d'Artois, le 9 mai 1915. Son régiment, dans un magnifique élan, a conquis plusieurs lignes; mais, écrasé sous le nombre il faut se replier et le soir on voyait l'abbé Lorrain, harassé de fatigue, épuisé, pleurant à chaudes larmes sur le bord d'un boyau (qu'il a défense de franchir), parce que devant lui, sur le terrain perdu, il aperçoit des morts qu'il ne peut relever, des blessés qu'il ne peut secourir.

« Il est avec eux à Verdun, à la cote 304. Sous la pluie de mitraille et de flamme, il fouille tous les réduits où il a chance de trouver un blessé abandonné.

« Sur la Somme, c'est un autre fléau : un étang de boue où l'on s'englue à chaque pas, à travers lequel il se traîne de tranchées en tranchées. Le courage demeure, les forces le trahissent. Il est évacué comme malade.

« Nous l'avons vu alors, il ne parlait que de ceux qu'il appelait familièrement ses « gars », ses enfants : il disait avec enthousiasme, il chantait leur courage, leur endurance, la beauté de leurs âmes, et les faisait aimer. Parfois son visage demeurait immobile, ses yeux brillants, dont le regard aigu était si pénétrant, restaient fixés comme sur un lointain, et l'on sentait qu'eux, ses gars, lui apparaissaient à travers l'espace dans une vision de rêve. Aussi, comme ils l'aimaient ! L'un d'eux lui disait, les larmes aux yeux, en lui pressant les mains « Monsieur l'Aumônier, c'est pas seulement de l'amitié que j'a- « vons pour vous, c'est quasiment de l'amour ' ».

« A peine guéri, il part. Une tristesse profonde l'attend. Un règlement nouveau, pendant des mois, l'attache à la division ; il ne peut, comme par le passé, vivre en contact immédiat avec ses hommes. Puis vient la journée de Sapigneul où il pleure bon nombre de ses enfants. Que de fois où le vit à genoux près d'une capote bleue, en plein champ découvert, sous le plus violent bombardement, consolant, ouvrant le ciel à un pauvre mourant.

« En mars 1918, il revient à son régiment. Il est si heureux, lorsque les hommes sont au repos, de reprendre ses belles réunions. Le dimanche, à la messe chantée en chœur, on accourt en foule ; chaque matin, dès 4 heures, il est à l'église, et toujours quelques-uns l'ont devancé pour se confesser et communier. Chaque soir, à la nuit tombante, on récite en commun le chapelet, en union de pensée avec les pères, les mères, les femmes, les enfants groupés au foyer ; une voix chante, une belle voix souvent, car il a des artistes, et tous dans un unisson puissant reprennent le refrain. Puis dans la pénombre à peine éclairée de quelques bougies, il faut éviter d'être repéré par les avions ennemis qui planent, il parle, d'une voix très prenante, car il est ému, il parle de la vie qui est toujours courte, de la mort prochaine peut-être, de Dieu qui est un père aimant et dont le foyer du ciel est si doux, il parle de la Providence qui connaît chacun comme un enfant unique ; il confesse pendant des heures parfois, et l'on se retire réconforté et confiant. Et l'on entendait des paroles comme celle-ci que je cite textuellement : « On peut partir (à l'attaque), les affaires « sont en ordre, je sommes prêts à aller en Paradis. »

« Il avait gagné son influence prestigieuse d'abord par sa proverbiale bravoure. Tous, soldats, officiers, disent de lui : il est brave jusqu'à la témérité. Cinq citations très élogieuses, dont trois avec palmes, en sont la récompense humaine. Il doit son influence à son intelligence remarquable, son esprit très fin, très cultivé, à sa bonne humeur légendaire.

Pendant le dur hiver de Belgique, le 114 est campé autour d'une petite ferme près de Zonnebecke; il y a chez les hommes des fatigues, des misères, par suite des heures de tristesse; l'abbé H. Lorrain passe et, dit l'Aumônier protestant, « par un « sourire, par un mot prononcé avec son cher accent angevin, « il chasse l'ennui, relève l'énergie, répand une gaîté pure et « sereine ». Écoutez cette parole d'un lieutenant : « Dans la cave d'une maison au trois quarts démolie, dans un village bombardé, il apparut, un soir de pluie; l'heure n'était pas à la joie, avec lui du soleil entra. » (Daniel Michelot.)

« Il dut son influence à son cœur si bon, son cœur d'or, penché sur toutes les déceptions, toute les souffrances, à sa charité qui emploie toutes ses ressources à secourir discrètement les infortunes. Il obtint son influence surtout par son ardente âme de prêtre, par l'amour surnaturel de Dieu et des âmes, qui l'enflammait, le soutenait lui-même, et qui savait faire passer dans le cœur de ses hommes sa foi vivante, ses espérances d'immortalité. Aussi sur sa tombe, le Colonel saluait en lui une grande âme, un excellent prêtre, un beau Français.

« Nous voici au terme de cette carrière si courte, si pleine.

« A Méry, le 11 juin, son régiment attaque. Il rentre en hâte de permission, il monte directement le rejoindre, et sa conduite plus belle, encore plus admirable que de coutume, lui vaut la promesse de la Légion d'honneur. Le 22 juillet, rencontrant l'aumônier divisionnaire, il se confesse pieusement. Le 23, le 114 attaque à Aubvillers; dès la première heure, l'abbé Lorrain célèbre la messe dans le réduit occupé par le colonel; il aurait pu rester au poste de secours où l'on apportait les blessés; mais son zèle l'emporte, il part à 4 h. 3/4, il porte la communion à des hommes qui vont combattre; il revient au poste, repart dans une autre direction. « Je le vis passer, écrit un officier, le bâton à la main, comme à une promenade; tant de fois pour sauver une âme il a ainsi risqué sa vie. » Il entre une fois encore, il sort de nouveau avec quelques hosties, et marche droit sur la ligne de combat où il sait qu'il trouvera quelques soldats qui désirent communier. Vers 10 heures, écrit un soldat témoin, allant d'un bataillon à l'autre, il passe entre les deux lignes, à 30 mètres peut-être de l'ennemi qui ne peut pas, à cette distance, ne pas reconnaître sa soutane d'aumônier; il tombe dans un champ de blés murs, près d'un trou d'obus; une balle lui traversant la gorge l'a terrassé. « Il est étendu, les bras en croix, les yeux « au ciel. »

« Le soir seulement il est relevé, on recueille sur lui deux hosties qu'il n'avait pu distribuer. Sur l'ordre du colonel, son corps est transporté au village de Paillart, où, le 25, les généraux commandant le Corps d'armée et la Division, une foule d'officiers et de soldats, lui firent de solennelles funérailles et d'émouvants adieux.

« Ses gars du 114 garderont, j'en suis sûr, à leur aumônier, un souvenir qui ne périra pas; rentrés dans leurs foyers, quand ils raconteront à leurs enfants leurs récits de la guerre, sa belle figure leur apparaîtra comme dans une auréole, et le cher abbé continuera ainsi, à travers le temps, sa mission sanctifiante d'apôtre.

« Le 22 juillet, il écrivait à son père sa dernière lettre où il disait : « Je suis dans la main de Dieu, je m'y installe, si j'ose « ainsi parler; je m'y trouve en sûreté. » A l'heure où cette lettre arrivait à Saumur, combien était pleinement vraie cette parole : « Je suis en sûreté dans la main de Dieu. »

Un Aumônier d'occasion

Citons seulement ce trait vraiment édifiant et beau. Je pourrais nommer le sergent.

X... est sergent aux environs de Verdun; un obus vient d'enterrer deux hommes de sa section. Il fait déblayer le terrain. L'un est tué et l'autre mortellement blessé.

Alors X... s'approche du pauvre soldat.

— Mon ami, vous souffrez beaucoup?

— Oh ! oui, sergent.

— Vous avez une femme, des enfants? —

— Oui.

— Eh bien ! offrez à Dieu pour eux vos souffrances; le mérite leur en reviendra et peut leur procurer de grandes satisfactions.

Et il reprend :

— Vous avez fait votre première Communion?

— Oui, sergent, mais il y a bien longtemps.

— Vous rappelez-vous quelques prières? Voulez-vous dire le *Notre Père ?*

— Dites-le, vous, sergent, et je le répèterai avec vous.

Et l'on vit cette chose très belle dans sa simplicité : le sergent récitant une prière que répétait un mourant. Et X... remplaçant, dans la circonstance, l'aumônier qui vient d'être tué, exhorte le pauvre soldat à la contrition, et l'aide à paraître devant Dieu.

L'aimable correspondant, ancien élève et père d'ancien élève, qui m'a envoyé ce récit, dont tous nous le remercions, ajoute :

« Quelques jours plus tard, à la suite d'un brillant fait d'armes, le sergent X... est cité à l'ordre du jour de l'armée et promu adjudant. »

Un Prêtre soldat

Mobilisé au 131e d'Infanterie à Orléans, il prépare son examen d'aspirant. En avril il vient à Saint-Maixent; voyant beaucoup de bien à faire à ses camarades, il demande à prêcher à la messe des soldats, cette joie lui est refusée. Nommé aspirant, il part pour le front; son regret est de quitter sa mère gravement atteinte : « la reverrai-je, même si je reviens? ». Je me contenterai de citer quelques fragments des fréquentes lettres qu'il nous envoyait :

« *4 septembre.* — J'ai reçu le baptême du feu, baptême très simple, sans aucune solennité : mine qui saute, fusillade, crapoüillauds, 210, grenades pendant une heure : je suis avec mon ami M. l'Abbé B..., aspirant aussi, un prêtre de la Mayenne, et un séminariste de Versailles : notre adjudant est une perle et tous sont aimables : mes soldats sont très braves : je suis plein de courage et de bonne volonté. Priez pour moi : je suis prêt à tout, mais je voudrais tant être un bon chef.

« *15 septembre.* — Mon commandant de compagnie a 22 ans; il m'a reçu très aimablement, il a de l'allure et de l'énergie; j'admire le courage de mes hommes; mon titre de curé n'a, je crois, excité aucune défiance. J'espère qu'il fera mieux si Dieu m'en laisse le temps. La pensée de la mort prochaine est moins terrible qu'on ne pourrait croire.

« *23 septembre.* — Je suis en tranchée de 1re ligne. Rien de plus pittoresque et de plus captivant si l'on oublie grenades, obus et balles. J'ai pris le quart de minuit à 3 heures; clair de lune éblouissant; miaulement des balles perdues (elles le sont presque toutes), sifflement des obus... les hommes fument leur pipe en regardant leurs créneaux et jouent avec la mort. Les Allemands sont tout près. Qui n'a vu cela n'a rien vu.

« *30 septembre.* — Lundi dernier, tir de barrage, gaz suffocants et lacrymogènes. Ensuite déploiement au sortir d'un boyau sous les balles; quelques hommes sont tombés et j'ai donné deux absolutions.

Nous avons ensuite passé quelques heures sous une pluie diluvienne, à plat ventre dans la boue. Une balle tape dans mon casque, dévie et va frapper mon voisin en plein cœur. J'eus tout juste le temps de l'absoudre. Pas moyen de l'enlever : je l'eus près de moi pendant 4 heures. La Providence m'a gardé, remerciez-la.

Le 20 *octobre*, il est nommé sous-lieutenant. Il passe les fêtes de la Toussaint et des Morts à l'arrière, a le bonheur de célébrer la messe dans une église et d'oublier la guerre pendant quelques heures. « Ma santé n'est que moyenne. Mais, à la grâce de Dieu, on tiendra jusqu'au bout ! »

« 6 *novembre*. — Je puis vous annoncer officiellement que je suis cité à l'ordre de la 125ᵉ division ; mais ne le publiez pas, car je n'ai jamais laissé croire à ma bonne mère que j'avais couru quelque risque.

« 19 *novembre*. — Je suis dans la boue, sous la neige. Je serais plus tranquille au coin de mon feu avec Malebranche ou saint Thomas. J'aurais moins de mérites, je suis à 30 mètres des Allemands. Mon secteur est d'une tristesse désespérante et le moral s'en ressentirait si la volonté n'était là.

« 24 *novembre*. — Je viens de passer 6 jours en tranchées. On n'a pendant ce temps d'autres préoccupations que de garder ses hommes et de défendre le petit coin de terre française qui vous a été confié. A l'arrière mon logement est un baraquement en planches dans lequel le vent souffle. Allons, je vais me plaindre ! Non ! Nous ne sommes pas frondeurs et nous estimons que notre part est encore la meilleure.

« 26 *novembre*. — Hier, sainte Catherine, patronne des philosophes ! J'ai pensé spécialement à vous, aux élèves que j'aurais eus sans la guerre. Jour de nostalgie. Ce matin la tristesse (le cafard) a disparu, je me sens jeune et confiant.
« Vous ai-je dit qu'à la tranchée j'avais sur moi la sainte Réserve et pouvais ainsi me communier chaque matin. C'est une faveur dont on n'apprécie tout le prix qu'en plein danger, face à l'ennemi. Se communier dans sa cabane, une seconde crèche, en viatique peut-être, c'est presque aussi émouvant qu'une première communion ! Mon capitaine m'a proposé de dire la sainte messe en première ligne. J'ai refusé. S'il y avait une alerte que serais-je devenu? Ma place eût été avec mes hommes ; le devoir d'état passe le premier... Jusqu'ici je n'ai guère absous que des mourants, mais je me rappellerai longtemps le regard reconnaissant que l'un d'eux fixa sur moi lundi dernier. »

« 13 *décembre*. — Dieu m'a aidé visiblement. J'ai ramené mon peloton sans tué, ni blessé. Un obus de 150 est tombé sur un abri où 15 hommes étaient réunis. Il a traversé le toit, sans éclater. Aidez-moi à remercier le ciel.

« Le 28 *novembre*, j'ai célébré la sainte messe en plein air. Il y avait de la glace dans le calice. Je pense avec tristesse que je serai en ligne pour Noël. Point de messe donc ! Y aura-t-il trêve? Minuit chrétien? Je ne sais. Ce que je sais c'est que dans ma cabane, il y aura communion et qu'entre braves gens nous fêterons Noël de notre mieux. »

« 21 *décembre.* — Dans quelques jours vous serez en vacances — et il ajoute, pensant sans doute à sa mère qu'il serait allé voir — j'ai de la peine à ne pas vous envier, rien de plus triste que nos grands bois l'hiver. Mais tous ces regrets sont presque des faiblesses. En avant quand même ! Priez pour nous, pour mes soldats, pour leur chef. »

« 27 *décembre.* — J'ai passé Noël dans la tranchée. J'ai eu la consolation de dire la messe de minuit : mon commandant de compagnie l'a voulu et a tenu à me servir d'enfant de chœur. De 9 heures à minuit j'étais de ronde sous une pluie battante. A minuit je rentrais dans mon abri, sale et boueux. Dix minutes plus tard l'officier n'existait plus, j'étais revêtu des ornements sacerdotaux, je n'étais plus que prêtre... L'assistance était peu nombreuse, mais bien émue et bien recueillie. Au loin les obus éclataient comme pour remplacer les cloches. Point d'autre chant que la musique des balles... Ma chapelle était digne de la crèche : un trou creusé en terre, recouvert de rondins et de branchages. Comme autel la table où nous mangeons. L'eau tombait sur le pupitre. Je pensais que, toute intime, ma messe devait plaire à l'Enfant Jésus et que peut-être elle était bénie... Je pleurais en célébrant et pensais que des bénédictions retombaient sur les soldats qui veillaient près de moi, sur les êtres aimés qui au loin souffraient de mon absence, Saint-Louis en a eu sa part. »

« 6 *janvier* 1916. — 8 heures du soir. Je suis dans mon abri. C'est le bon moment pour penser aux siens, se recueillir un peu et soigner cette vie intérieure que le tracas risque de compromettre et d'atrophier.

« 22 *janvier.* — J'espère avoir bientôt le plaisir d'aller voir Saumur et l'Anjou, mais bien des choses vont éclater d'ici là. Priez pour que j'aie la joie de revoir les miens. Priez aussi pour un bon vieux soldat que je viens de perdre ce soir.

« 4 *février.* — A bientôt *peut-être.* »
Le 10, il était à Saint-Louis, ravi de revoir ses confrères, son collège, ses amis, il vous faisait sur la vie de tranchée une conférence très intéressante, dans laquelle sans rien dire de lui-même il parlait avec admiration de ses chers soldats, puis repartait avec le pressentiment de ne pas revenir, qui nous avait frappés tous.

« 27 *février.* — Je suis prêt à tout, sans exception. A la grâce de Dieu ! Le sacrifice sera moins dur, puisque j'ai revu les miens. »
Le 29, il annonçait très modestement qu'il était cité à l'ordre du corps d'armée : Motif : Commandant une section chargée de l'attaque d'un petit poste — très gênant pour nos hommes — a assuré le succès de l'entreprise par son calme, son énergie et

sa bravoure. Ce qu'il n'ajoute pas, ce que nous savons, c'est qu'il s'était volontairement offert pour remplir cette mission périlleuse.

Le 5 mars, il envoyait encore un petit mot demandant des nouvelles. Ici s'arrête sa correspondance. Le lendemain il était tué.

Quelques jours plus tard, une lettre d'un de ses confrères faisait part de sa glorieuse mort. Le 6 mars, lors d'un assaut allemand, M. Luais était avec sa compagnie dans sa tranchée ; au moment où il levait la tête un peu au-dessus du parapet pour repérer l'ennemi et commander le tir, il fut frappé d'une balle à la tête à 4 centimètres au-dessus de l'arcade sourcilière et tué raide. Il était adoré de ses hommes. Il est enterré à Clermont en Argonne...

Un Chef

« Je recommence ici la vie que nous avons menée en Champagne : quatre jours de tempêtes, trois jours de demi-repos. Nos tranchées sont à 15 mètres des Allemands. Chaque jour c'est l'attaque à la grenade, comme au temps de Napoléon. Mais nous avons par-dessus cela les bombardements à coups de canon, de mines, de torpilles, sans compter la mitrailleuse qui guette le fantassin imprudent dont le képi bleu apparaît à découvert au coin du sentier, au trou du créneau. Mon régiment perd moins d'hommes que le régiment voisin de la même brigade parce que nous cognons plus dur : une grenade boche vaut deux grenades françaises. Quand, la nuit, un grenadier inquiet lance son engin sur un tronc d'arbre abattu qu'il prend pour un Boche rampant dans l'herbe, toute la ligne s'émeut, tous les bras s'agitent — clac — clac — les pétards s'annoncent — boum — pif — paf — voilà trois cents, quatre cents hommes qui, d'un coup, sont déclanchés. Cela s'appelle sur les communiqués lutte à la grenade. Les engins volent, traversent le terrain neutre et éclatent sur les parapets ou dans les tranchées, bruit infernal auquel vient toujours s'ajouter celui de notre 95 qui bat les secondes lignes ennemies. Quand on a vécu 4 jours de cette vie, nous rentrons au camp à quelque mille mètres en arrière, et nous recommençons ; tous les 20 ou 24 jours le repos se prend à 10 kilomètres de là.

« F. A. 18/8/15. »

Un tout jeune soldat

« Cantonnés dans une immense forêt, au sud-est de Lunéville, nous logeons dans des cagnas à 7 mètres sous terre. Là nous menons la vraie vie du poilu, à 2.000 mètres le jour et à 1.500 m. la nuit seulement des lignes ennemies.

« Mon travail pour le moment consiste à remplacer un des maîtres-pointeurs de la batterie actuellement en permission. Le poste de pointeur, bien que sérieux par les terribles consé-quences que la moindre erreur peut entraîner, me plaît cepen-dant énormément et je m'y donne volontiers. Et puis, tout le monde n'a pas un 75 en consigne, et rien que cela suffit pour vous donner un peu de courage et d'amour-propre dans votre travail !

« C'était Noël hier : nous ne nous en sommes guère aperçus ! C'était justement ma pièce qui était de garde de nuit, et, par un fait extraordinaire, ma faction prenait à minuit. C'est donc auprès de mon canon, pendant que la neige tombait fine et glacée, à la lueur des obus boches, que j'ai fêté Noël et que j'ai vu venir mes 19 ans ! C'est bien triste comme fête et bien pauvre comme anniversaire ! Pour la première fois j'aurai passé Noël sans en connaître les douceurs et les beautés !...

« Avec plaisir j'ai appris le bon fonctionnement du cher col-lège auquel je pense souvent !

« E. M. 26/12/17. »

Un Bombardement

« Le 8 octobre, l'ennemi, qui nous bombardait depuis plu-sieurs jours affreusement, fit pleuvoir sur nous dès le matin un véritable orage de fer et de feu. Le village de L....., récemment enlevé par les troupes britanniques et que nous occupions, brûlait et s'écroulait. La fumée rouge des débris de tuiles et de briques emplissait l'air ; une odeur piquante et grisante de méli-nite gonflait les narines. Ce qui restait de murs dans le hameau s'écroulait avec fracas. Des débris de ferraille voletaient partout en ronronnant comme des moteurs d'aéroplanes. Nous sentions qu'une heure grave approchait. Dans les caves où nous étions logés nous nous sentions aller à la balançoire quand, toutes les quatre minutes, un gros 410 venait en fracassant l'air faire voler les briques ou la terre tout près de nous.

« L. M. 13/10/15. »

Une Attaque

« Dans la nuit du 14 au 15 juillet 1918, le régiment se trouvait au Mont-sans-Nom, à l'est du massif de Moronvilliers. Les première et deuxième lignes ayant été évacuées sur l'ordre du quartier général, la compagnie occupait de ce fait la première position.

« La préparation d'artillerie de l'offensive allemande de Champagne commença à minuit... J'avais vu la Somme, la cote 304 et le Mont-Cornillet..., mais jamais un enfer pareil. Au fond de notre sape le bombardement faisait tout trembler, l'oscillation et le déplacement d'air étaient tellement intenses qu'il était impossible de conserver une lumière. Masqués contre les obus à gaz qui tombaient à profusion, nous respirions difficilement...

« L'attaque se déclancha à 4 heures du matin.... Le lieutenant nous fit tous sortir et nous dit qu'il fallait aller occuper nos postes de combat. Minute angoissante, celle de la séparation, où chaque homme se demande s'il reviendra et si jamais il reverra ses camarades. Mais cela ne dura qu'un instant, et tout le monde partit courageusement où le devoir l'appelait.

« A. D. »

Une Attaque de nuit

« Vers cinq heures du soir, l'ordre nous fut donné tout à coup de nous préparer à l'attaque, et à 5 heures et quart nous partions à l'assaut : en avant, à la baïonnette ! Ce fut un choc terrible, affreux, que la nuit rendit bientôt plus lugubre encore : seules les heures épiques de Reméréville me laisseront les mêmes grands souvenirs épouvantables et sublimes.

« L'ennemi, qui vit notre mouvement se dessiner lentement, nous attendait sans doute : il déchaîna une fusillade serrée sur notre front, tandis que ses mitrailleuses nous prenaient de flanc et que ses canons faisaient pleuvoir sur nous une pluie de mitraille meurtrière presque à bout portant.

« Beaucoup sont tombés, mais heureusement il y eut plus de blessés que de morts. Dans cet assaut où nous devions aller jusqu'à l'ennemi, le déloger de ses positions pour nous établir à sa place, nous n'avons pu nous approcher qu'à 150 mètres de lui : le feu devenait trop meurtrier.

« Là j'ai passé toute une nuit à me creuser un trou très profond, et j'ai mis six heures seulement à faire le travail qui m'avait demandé 3 jours à Bâconnes.

« A 150 mètres seulement de l'ennemi. Dans un trou glacé d'une plaine infernale.

« L. M. 29/10/14. »

Prisonnier

« Faits prisonniers le 15 juillet au matin, nous sommes emmenés à Bétheniville et parqués sur l'herbe...

« La nourriture se compose de jus de gland, bouillon, 200 grammes de pain et un bout de viande pourrie... Nous faisons des terrassements et nous posons des voies, sous le feu de nos 75 et de nos 155... Réveil à 4 heures, jus à 5, départ à 6 et travail jusqu'à midi. Le soir, repos... Mauvais traitements de la part des Boches...

« En résumé, 2 mois de souffrances, où la faim fut atroce... Nous n'étions plus des hommes; on aurait dit des loques humaines. Pour moi je suis un de ceux qui se sont assez bien conservés; aussi j'ai mieux aimé risquer ma peau que de mourir à petit feu entre les mains de bourreaux.

. . . .

« Lorsque j'ai été fait prisonnier, j'ai pensé : que doivent-ils dire à la maison? Quelle anxiété ! 10, 15 jours se passent, pas de lettre ! Un mois, pas de lettre ! Je me faisais surtout « de la mousse » pour vous, car les grands'mères se découragent vite...

« A. D. 14/9/18 ».

Evadé

« Quelle joie, après deux mois de dure existence, de se trouver dans un bon lit, soigné, choyé par des amis.

« Depuis que j'étais prisonnier, nous étions si mal nourris et si durement traités que, avec un camarade, nous avions formé le projet de nous évader...

« Ayant changé de camp et de gardiens, n'ayant pas de clôture en fils de fer, le 9 je décidai de partir; j'en fis part à mon camarade, et le soir, à 9 heures, après le rassemblement, nous dépistions la surveillance des gardiens.

« La nuit était très noire... ; il faisait un temps épouvantable, il pleuvait à torrents. Les membres transis, éreintés, mais avec la volonté de réussir, nous traversions les forêts et les champs incultes.

« Partis de Rethel, nous arrivons au petit jour à Sainte-Marie à Py, sans avoir rencontré un Boche. Nous passons la journée du 10 dans une sape, sans être inquiétés. Avec les détours nécessaires, nous avons fait environ 50 kilomètres.

Le soir, à 10 heures, « on remet ça », non sans avoir fait une petite prière à la Providence. En effet le plus délicat du parcours nous reste à faire. Cela se passe mieux que je ne l'aurais cru, et à 3 heures du matin nous franchissons la ligne des petits postes ennemis; après avoir failli être pincés à deux reprises différentes.

« Au petit jour nous tombons sur nos premières lignes. Nous y allons trop franchement, et un fusil mitrailleur se met à tirer sur nous, à 20 mètres. Aux premières rafales je suis touché, une balle me traverse le pied. Aussitôt je me couche à plat ventre, en hurlant aux poilus de ne plus tirer, que nous sommes des Français évadés. Mais les balles continuent à nous siffler aux oreilles. Nous crions toujours. Enfin la fusillade s'arrête, un homme se détache du poste et vient nous recueillir.

« Mon camarade a la chance de n'avoir pas été touché. Je me pends piteusement à son cou. Après les bonnes excuses des poilus on nous emmène au poste de secours où nous apprenons que nous sommes près d'Auberive. Nous sommes tombés juste où je voulais arriver... J'ai pu fournir à l'état-major des renseignements très intéressants...

« Les vignes sont-elles belles? Comptez-vous avoir une belle récolte? A quand les vendanges? Vivement, que je fasse les veillées avec vous et que je mange la bonne cuisine de grand' mère ! Je suis bien amaigri : les Boches ont eu la graisse, mais non pas la peau !

« A. D. 12/9/18 ».

CHAPITRE II

Le Soldat Français

Vertus militaires

« Nous avons eu le baptême du feu. Le régiment a perdu le tiers de ses hommes. Nous nous sommes bien battus et nous n'avons rien à nous reprocher. Dans cette grande hécatombe, il a fallu vraiment que nous soyions protégés pour nous en sortir. »

« L. G. 24/8/14. »

« Je mourrai crânement ou je serai officier; en tous cas, je continuerai à faire mon devoir.

« J'ai échappé à la mort par miracle.

« Lorsque nous serons retrempés, nous pourrons aborder l'ennemi avec un nouveau courage et un élan colonial.

« Ne t'étonne pas trop si je reste plusieurs jours sans t'écrire, mais nous avons beaucoup de bon travail en vue. J'espère que tout ira pour le mieux et le bien de la France.

« H. L. 16/6/15. »

La fièvre l'atteint. Il est soigné par deux amis qui, constatant que, très fatigué, il claque de fièvre, lui offrent un lit. « Non, répond-il, mes hommes sont sur la paille; ils ont besoin de ma présence, je reste avec eux.

« J. V. »

« Je pars, persuadé que je n'en reviendrai pas, car le soldat qui fait tout son devoir est singulièrement exposé. Mais je suis bien disposé à faire tout mon devoir. Vive la France éternelle !

« C. F. »

« Cette nuit nous retournons au feu. Quoi qu'il advienne, nous ferons notre devoir pour Dieu, la Patrie, la délivrance de la France et de la Belgique du joug allemand.

« C. F. »

Volontairement il repart au front.

« Je suis reparti de bon cœur, écrit-il à son père, sachant que la Providence me revaudra ce petit sacrifice. Ce qui m'a chagriné, ça été de ne pouvoir t'embrasser à l'heure de mon départ. J'aurais voulu te revoir quelques secondes. »

Ils ne se reverront plus qu'au ciel !

« J'aurais pu faire un petit tour à l'arrière, mon bon capitaine me l'a proposé; mais je n'ai jamais voulu. Je suis revenu au front pour combattre à ses côtés, et ensuite pour n'avoir pas à me reprocher d'avoir voulu me tirer du danger.

« J. V. »

* * *

Confiance

« Je suis sûr que la guerre vous émotionne beaucoup plus que moi : ici le sourire est sur toutes les lèvres, même dans les moments les plus périlleux; je n'ai jamais vu un moment de découragement, ni entendu une parole de plainte. On est tout heureux de défendre la patrie; on supporte avec joie les fatigues et les privations, puisque l'on sait que l'on travaille pour la France.

« Tout va pour le mieux, et ne vous inquiétez pas de moi.

« Et la France triomphera !

« M. L. 2/9/14. »

« Nous avons tous la plus haute conscience du devoir si grand que nous accomplissons. Unissant notre cœur de catholique et celui de Français, nous possédons toute la force nécessaire pour aller jusqu'au bout !

« La guerre nous paraît bien un peu longue, et nous sentons parfaitement que la fin n'est pas proche; mais nous sommes tellement persuadés de la victoire finale que nous sommes pleins de courage. Le moral de tous les hommes est excellent, et il faut les voir, après huit jours passés dans l'eau et la boue, s'amuser comme des enfants, pour se convaincre de leur entrain.

« F. B. 12/1/15. »

« Des impressions recueillies depuis dix-huit mois de campagne, je déduis ceci, c'est qu'il y a chez nous, en France, davantage de ressort dans les soldats qu'on ne l'aurait cru.

« Au moment de l'attaque de Champagne, après plus d'une année de guerre, où les pessimistes auraient cru le moral des fantassins très affaibli, les « mignards » (terme militaire qui

désigne les bleus de la classe 15) avaient été si pleins d'entrain
à l'attaque que leur colonel, frappé mortellement, aurait manifesté son contentement avant de mourir. Un blessé qui passait
près de moi à ce moment traduisait cette anecdote dans cette
parole naïve : « Les mignards ! ils ont si bien marché que le
« colonel, il est mort ! mais il est mort content ! »

« Peu après je me rappelai une des lectures spirituelles de
Saint-Louis où vous nous aviez dit : « C'est sur vous, les jeunes,
« que nous comptons, que la France compte. » Cela m'est revenu
à l'esprit, je ne sais pourquoi. Je vis, en effet, que vous ne vous
étiez point trompé.

« Nous avons la ferme conviction qu'avec l'aide de Dieu nous
aurons la victoire.

« P. C. 10/2/16. »

« De la Marne il s'en va vers Dunkerque et la Belgique, fournit
de longues étapes et se réjouit à la pensée d'en faire de plus
longues à la poursuite des Allemands : « Quand, les lignes
« percées, nous les reconduirons à la frontière, avec quelle joie
« nous ferons des marches forcées et doublerons les étapes ! »

« D. F. »

« Nous avons tous espoir que cette année sera décisive. Pour
les chrétiens, c'est le grand moment de la prière et du sacrifice.
Le bon Dieu manifestera sa puissance pour nous sauver, car
tous les moyens humains n'arriveront pas à terminer la guerre.

« S. P. 30/3/18. »

Vertus chrétiennes

« Nous combattons sans cesse : je m'en tire encore. Décidé-
ment, la Sainte Vierge me protège. Continuez donc à bien prier.

« Nous nous sommes battus ferme hier, et je m'en suis
encore tiré. C'est toujours le matin, pendant que vous êtes à
l'église, que se passe la canonnade allemande. Ce n'est pas
amusant, tu peux le croire. Je suis vraiment protégé, et j'espère
que la Sainte Vierge veille également sur Paul et Fernand. Nous
lui devrons de beaux cierges si nous rentrons à Saumur comme je
l'espère bien. En attendant, priez pour que nous écrasions les
Allemands : ils ont déjà fait tant de mal !

« Ma chère maman, ne perds pas confiance dans la Sainte
Vierge et dans Jeanne d'Arc. Je suis convaincu qu'elles me pro-

tègeront dans notre marche en avant comme dans notre retraite. Allons, bon courage; priez beaucoup pour moi. L'épreuve est bien dure, mais nous la traverserons.

« L. G. 30/8/14. »

« Je suis très heureux, ce soir, de penser un peu à vous, à Saint-Louis. Noël ! mon âme exulte et sursaute de joie, brise son masque de tristesse et d'abattement pour se rasséréner au souvenir pieux que cette date évoque. Ce soir, privilégié, je pourrai assister à la messe de minuit; dans quelques instants j'offrirai mon cœur meurtri, mais toujours croyant et fort dans le danger. Et alors, adorant le Dieu de la crèche qui naît pour souffrir et nous racheter au prix de son précieux sang, j'aurai la conviction ferme d'avoir accompli mon devoir de catholique et de Français...

« Souvent je m'approche de la sainte table : je le puis tous les dimanches. Toutes les semaines nous avons la messe, car nous possédons un prêtre à notre formation et le diocèse de Châlons a fait cadeau à mon ambulance d'une chapelle portative.

« H. B. 24/12/14. »

« Par la grâce de Dieu je me suis toujours tiré indemne des situations plus ou moins dangereuses; il est vrai que la Vierge bénie veillait sur moi et que mes prières n'ont jamais été vaines. Jamais je n'avais tant remarqué leur efficacité sur son Cœur immaculé. Aussi, lorsque nous allons au cantonnement de repos, est-ce avec une joie très grande que je viens déposer au pied de son autel mes offrandes diverses.

« P. C. 10/7/15. »

« J'ai conservé mon chapelet apporté de Saumur, mes médailles. Que maman soit tranquille sur mon sort au point de vue religieux. Je m'aperçois tous les jours combien la pensée de Dieu est utile dans certains moments difficiles.

« J. L. »

« Mes musettes sont prêtes, garnies de grenades. Je vais voir aussi l'aumônier avant de partir; j'y tiens absolument, sois bien tranquille sur cette question.

« Demain, j'entre dans la fournaise. Je suis très calme. Que la « petite sœur » me protège; à la grâce de Dieu !

« Priez beaucoup; j'ai besoin d'une protection toute providentielle. A l'heure où cette lettre vous parviendra, mon sort sera fixé. Je laisse à Dieu le soin de ma vie. Courage et confiance. Votre petit J. qui vous demande pardon de quelques peines qu'il vous a occasionnées et qui vous aime de toute son affection.

« Demande à la Sainte Vierge de me protéger. Pas de troisième blessure, que je sois témoin du triomphe.

« J. V. »

« Le cœur mieux que toutes les plus belles phrases d'une lettre sait entretenir journellement le souvenir des êtres chers qu'il aime et auxquels il est resté attaché malgré la distance et la longueur des mois sans se revoir...

« Nos lettres ne sont que des signes sensibles de notre union.

« Vous me suivez pas à pas dans ma vie journalière, dans mes travaux de tranchées; vous vous associez à mes ennuis, à mes fatigues, à tout ce qui coûte à notre pauvre nature déchue. On se demande parfois comment nous avons pu résister à la longueur des marches sous le soleil brûlant lorsqu'il semble que nous gravissons un calvaire quand, sac au dos avec tout le fourniment, couverts de poussière, nous accomplissons des étapes pénibles et douloureuses. La raison de notre endurance, je la trouverais dans ces souvenirs, dans une prière courte, mais affectueuse, dite par ceux qui croient au soulagement des peines au moyen du surnaturel et du divin.

« S. P. 10/9/16. »

« Nous sommes cantonnés dans des baraquements situés à proximité d'un village. J'ai eu le bonheur de pouvoir assister aux exercices religieux du Carême suivis d'une instruction spirituelle faite par le prêtre infirmier. Je m'efforcerai de conduire à la table sainte les quelques bons camarades que je connais. Nous ferons nos Pâques, car le jour de la fête nous serons face au Boche, et il est juste qu'auparavant nous donnions au bon Dieu la meilleure preuve de notre amour. Ainsi nous serons plus forts pour servir la deuxième cause qui est celle de la France : « Religion et Patrie », c'est la devise de notre cher Saint-Louis.

« S. P. 16/3/18. »

« Ce matin j'ai contenté mon ardent désir de la sainte communion. Depuis bientôt trois semaines je n'avais pu recevoir le divin Maître, et il semble bien que j'avais été mis à l'épreuve pour m'en rendre digne.

« Le jour de l'Ascension, j'étais descendu vers 6 heures au premier village situé après les lignes. La messe était à 11 heures et je ne pouvais revenir y assister.

« Le jour de la Pentecôte avait lieu notre déplacement. Je m'étais levé à 3 heures pour entendre la messe du prêtre infirmier. Hélas ! le sacristain avait les clefs de la sacristie. Une deuxième fois je fus privé du bonheur d'assister au saint sacrifice qui n'eut pas lieu puisque le prêtre infirmier se trouvait sans vêtements sacerdotaux.

« Si nous restons ici quelques semaines ou plus, je pourrai remplir mes devoirs religieux.

« S. P. 24/5/18. »

« Certes, il nous a fallu beaucoup de volonté, mais le secours providentiel a été le principal. Avant mon départ j'avais étalé mon drapeau du Sacré-Cœur et mis toute ma confiance en lui, et je puis dire que je l'avais, la confiance : jamais je ne me suis découragé, tellement j'étais certain de réussir... Rendez grâces à Dieu, lui seul m'a aidé et préservé, surtout à l'arrivée aux lignes : pensez donc, fusillé à bout portant par un fusil mitrailleur, c'est là que j'ai eu peur !

« A. D. 14/9/18. »

Il a été blessé à Mareuil-en-Brie, à la ferme de l'Enfer. Aussitôt atteint, il s'est senti mortellement blessé et a fait venir l'aumônier qui était tout près, s'est confessé et a été administré. Comme son commandant l'exhortait à l'espoir, il a répondu : « Mon commandant, je ne me fais pas d'illusion, je n'ai plus d'espoir qu'en Dieu. » Et, disant ces paroles, des yeux et de la main il indiquait le ciel !

A l'ambulance, il dit au médecin chef : « Je ne crains pas la mort parce que je me suis confessé. »

On demande d'urgence la Croix de la Légion d'honneur, et un médecin inspecteur épingla sur sa poitrine la croix d'un autre brave qui se trouvait tout près. Fulbert remercia très simplement en disant : « Cela fera plaisir à ma mère. »

« Blessé à 4 heures, il expira à 5 h. ½. Il est mort en saint, nous dit l'aumônier, souffrant sans une plainte, offrant sa vie et ses souffrances à Dieu pour son pays et sa famille, s'abandonnant à la volonté divine. «Monsieur l'Aumônier, avait-il dit pendant le voyage jusqu'à l'ambulance vous direz à ma mère et à ma sœur que j'ai pensé à elles; vous leur direz aussi que j'ai pensé à Dieu. » Pendant les quinze kilomètres du trajet, ils ont prié ensemble de tout cœur.

« F. B. 1/9/18. »

« Le 18 octobre au matin nous recevions l'ordre d'attaquer et à 5 h. ½ nous décollions derrière le barrage roulant de l'artillerie. L'ennemi s'attendait à l'attaque et aussitôt il nous arrêtait par un feu de barrage nourri. Plusieurs obus sont tombés sur notre groupe et l'un d'eux a broyé les deux jambes du chef Roy qui est immédiatement tombé baigné dans son sang. C'est alors qu'il m'a supplié de ne pas l'abandonner, en se rendant très bien compte qu'il était perdu. Je l'ai alors préparé à la mort en lui donnant mon crucifix de religieux, qu'il baisa à plusieurs reprises en faisant le sacrifice de sa vie pour sa famille et pour la France. Il a toujours gardé son calme et sa connaissance, me disant à plusieurs reprises qu'il ne voulait pas qu'on pleure, qu'il était heureux de sacrifier ainsi sa vie. J'ai été très touché de son admirable esprit de foi et de sa résignation et j'ai averti le capitaine et le chef de bataillon les larmes aux yeux. Il faut dire qu'il était très estimé de tous.

« Plusieurs fois il m'avait parlé de Saint-Louis, dont il gardait un excellent souvenir.

« D. R. 22/10/18. »

Sa dernière lettre portait : « Demain nous montons à l'assaut, combien tomberont encore? Serai-je du nombre? Autant moi qu'un autre, puisque si peu sont préparés; moi du moins je suis prêt. C'est là que la volonté de Dieu se manifestera pour moi, *Mon Dieu*, je remets mon âme entre vos mains. ».

« Le pressentiment qu'il avait ne l'a point trompé. Il avait dit encore : « Si vous n'entendez point parler de moi, ne vous en préoccupez pas. »

Lettre laissée par Pierre avec la mention : « A ouvrir en cas de décès. »

Au nom du Père et du Fils et du Saint-Esprit. Ainsi soit-il.

« Avant d'entreprendre une nouvelle campagne qui marquera peut-être le terme de mon voyage ici-bas, je renouvelle ma foi entière et soumise à tout ce que nous enseigne la Sainte Église catholique, apostolique et romaine.

« Je remercie Dieu de m'avoir donné la foi, de m'avoir fait naître, de préférence à tant d'autres, dans une famille chrétienne; grâces lui soient rendues de m'avoir donné en mon père et ma mère, mes frères et mes sœurs, l'exemple de toutes les vertus, et d'avoir placé sur mon chemin tant de saints prêtres pour former mon âme.

« Je rends grâces à Dieu surtout, de m'avoir appelé, tout indigne que j'en étais, à franchir les premiers degrés de la voie sacerdotale. J'aurais été heureux, répondant à l'appel divin, de consacrer ma vie au salut des âmes, et c'est pourquoi j'aimais à répéter souvent la promesse de ma première tonsure : *Dominus pars hereditatis meæ et calicis mei, tu es qui restitues hereditatem meam mihi.*

Mais si Dieu, dans la sagesse de ses desseins, et pour mon plus grand bien, me rappelle à lui plus tôt que je ne le pensais, j'accepte de grand cœur sa sainte décision.

« *In simplicitate cordis mei lætus obtuli universa.* Oui, Seigneur, je vous offre tout ce que je suis, tout ce que je possède; je renonce pour vous plaire à tout ce que j'avais rêvé, *majorem hac dilectionem nemo habet, ut animam suam ponat quis pro amicis suis,* avez-vous dit vous-même; eh bien, cette vie que je pensais donner goutte à goutte dans votre service, je consens à la perdre en un instant pour mon propre salut, le salut de ceux que j'aime, des soldats que vous m'aviez un peu confiés, le pardon et la délivrance de la France ma patrie.

« Je demande pardon à Dieu et aux hommes de tout le mal que j'ai fait ou auquel j'ai pu participer, Je demande spécialement pardon à ma bonne mère de la douleur que je lui ai causée pendant mon enfance et ma jeunesse par mon orgueil, mon manque de respect et de soumission. Qu'elle oublie l'ingratitude d'un fils qui l'a cependant sincèrement aimée.

« Je recommande mon âme aux prières de mes parents et de mes amis. Qu'importe le lieu où reposera mon corps, humble cimetière de village ou tranchée perdue au milieu des champs. Dieu saura, le moment venu, l'appeler comme mon âme à la vision béatifique, si ma mort et vos supplications m'ont obtenu le suprême pardon.

« *Credo... in sanctorum communionem, remissionem peccatorum, carnis resurrectionem, vitam æternam. Amen.* »

« Montcetz, Marne, P. B. 30/4/16.

« J'ai confiance que celui qui ne m'a pas abandonné jusqu'ici me gardera sain et sauf. Il y a longtemps en tout cas qu'on a fait pour la première fois le sacrifice de sa vie.

« L. M. 14/4/15. »

« Aurons-nous le bonheur de nous revoir sur la terre? Nous sommes faits pour quelque chose de meilleur et de plus grand. Vous savez que vous m'avez formé vers un autre idéal que celui du siècle où nous vivons; vous m'avez laissé entrevoir un immense horizon qui se lève au-dessus de la souffrance et du sacrifice. Il n'est permis qu'aux justes de le contempler dans son immortelle beauté. Je regarde ma bassesse et mon indignité. Pourtant j'espère comme beaucoup d'autres dans la bonté infinie du Maître pour faire partie des martyrs de la patrie si je devais tomber sous le feu des canons ennemis ! Mon sacrifice est fait afin que je reste agréable à Dieu dans tous les actes que je devrai accomplir pour la France.

« S. P. 18/5/16. »

Sa correspondance montre que la pensée de Dieu et de la mort ne le quitte guère. Une bombe d'avion tombe près de lui; il écrit : « Si je ne reviens pas, c'est qu'il est meilleur pour moi que je m'en aille. Ce qui importe, c'est de pouvoir faire sienne la parole sacrée. « Bienheureux ceux qui meurent dans le Seigneur. »

« D. F. »

« Je me réjouissais à la pensée de vous revoir bientôt; mais les circonstances actuelles ont arrêté le cours des permissions C'est une privation à accepter, en considérant les souffrances de Notre-Seigneur et celles que généreusement nos camarades

endurent sur le champ de bataille des Flandres... Je me sou-
mets toujours à la divine Providence qui aura soin de me conduire et de me préserver du danger.

« S. P. 30/3/18. »

« Ces quelques lignes renferment l'assurance de mon affection
à votre égard. L'heure est grave, la tempête va souffler impé-
tueuse sur nos têtes. Nous nous attendons à l'attaque. Se pro-
duira-t-elle? Je n'en sais rien. A la grâce du bon Dieu !

« Quand le calme sera rétabli, je vous écrirai et vous tranquilli-
serai.

« Consolez ma famille...

« J'ai pu communier dimanche 26 courant.

« S. P. 29/5/18. »

CHAPITRE III

Souvenirs de Saint-Louis

« Il est parti plein de courage et de confiance, et, en nous
« quittant, après la dernière embrassade, il m'a dit : « Je te pro-
« mets, mon papa, de faire tout mon devoir. Quoi qu'il arrive,
« ne te tourmente pas de moi ; je m'en vais la conscience bien
« nette, et j'espère que le bon Dieu me protègera et m'assistera
« au moment du danger. » Il avait communié le matin.

« Cette dernière minute a été cruelle et j'ai senti mon pauvre
cœur se déchirer. Malgré tout j'étais fier de sentir le cœur de
mon enfant battre à l'unisson du mien et d'être assuré que celui-
là aussi saurait faire tout son devoir après avoir fait le sacrifice de sa vie pour la France.

« Je n'oublierai jamais que c'est à Saint-Louis que mes
enfants ont puisé ces sentiments qui font la joie et l'orgueil de
ma vie.

« M. L. 2/9/14. »

« Permettez-moi de faire appel à tout Saint-Louis pour ses
anciens élèves et pour la France. Dites à vos bons élèves, nos
frères, de prier beaucoup pour nous et surtout d'avoir foi avec
nous. Dites-leur surtout qu'il faut croire que les choses qui
paraissent les plus impossibles et les plus invraisemblables ne
le sont pas quand Dieu les tient en sa main.

« L. M. 29/10/14 ».

« Votre bonté saura bien excuser l'enfant de Saint Louis
qui, aujourd'hui, au jour de peine et de douleur, aime à se réfu-
gier vers la grande maison où il a si fortement trempé son âme
au sein de l'enseignement chrétien qu'il y a reçu...

« Quoique légers, distraits, nos cœurs ne seront pas restés
fermés à vos appels si beaux vers l'idéal, vers les nobles élans,
vers Dieu. Aujourd'hui que ces douces heures sont passées, il
nous monte tout un cortège de souvenirs, et, par une série d'asso
ciations d'idées, voilà que votre image se dessine dans nos esprits,

voici que vos paroles, que vos allocutions viennent nous donner l'espoir de vaincre, l'espoir d'être digne de vous, et aussi la confiance en nous-même et la certitude de faire notre devoir comme le fait un chrétien qui sait mourir l'âme haute, les yeux au ciel et la main crispée sur la hampe de son drapeau.

« H. B. 17/11/14. »

« Blessé le 1er octobre aux environs de Reims par un percutant allemand, je pus, grâce à la protection de la Reine du ciel et aux bons soins des Dames de la Croix-Rouge mâconnaise, en réchapper...

« Dire combien de fois au cours de cette campagne je bénis le bon Dieu d'avoir reçu à Saint-Louis cette solide foi chrétienne qui m'était d'un précieux réconfort dans le danger couru chaque jour ! Je tiens à vous en témoigner ici toute ma reconnaissance...

« Je termine en vous demandant de bien vouloir vous souvenir de moi au Saint Sacrifice de la messe, et en souhaitant la prospérité à mon cher Saint-Louis.

« L. J. 19/11/14 ».

« Je pense au bon vieux temps, aux bonnes années passées à Saint-Louis, et alors c'est pour moi une très douce consolation que de songer à l'enseignement religieux que vous et mes bons parents m'avez donné.

« Je suis même très fier d'avoir reçu une éducation chrétienne, car là où nous sommes la religion est le seul soutien, le seul réconfort du soldat. A qui donc confier ses peines, si ce n'est à Dieu? Avec qui partager ses joies, si ce n'est avec Notre-Seigneur?

« J. V. 25/11/14 ».

« Si éloignés qu'ils soient, les anciens élèves de Saint-Louis ne sauraient oublier leur collège. A cette époque de l'année j'ai plaisir à me rappeler le temps où nous nous réunissions dans le grand réfectoire pour vous offrir nos vœux. Comme nous sommes loin de tout cela ! Cette année Saint-Louis a revêtu un aspect particulier, aspect très triste malgré les blancs costumes qui sillonnent nos grands cloîtres sévères.

« Une lettre m'apprend que dimanche aura lieu à Saint-Louis une messe pour les anciens élèves tombés au champ d'honneur. Comme je voudrais être avec vous, assister à l'office que vous célébrerez, entendre les paroles émues que vous aurez à la mémoire de ceux qui ne sont plus ! Certainement j'unirai bien mes prières à celles de tous les amis de Saint-Louis, en assistant à la messe après-demain; mais il me semble que ce ne sera pas tout à fait comme si je pouvais m'agenouiller dans notre chère chapelle à laquelle sont liés tous mes souvenirs d'enfance...

« J. L. 4/1/15. »

« Un peu de Saint-Louis — beaucoup par le cœur — est ici réuni, et je puis vous assurer, sans forfanterie, qu'il ne constitue pas les plus mauvais soldats.

« J'ai la grande joie de vous annoncer que je suis décoré de la médaille militaire. Et je ne puis m'empêcher de vous en adresser un des premiers, en même temps qu'à mon cher Saint-Louis, l'hommage bien affectueux.

« N'allez pas en chercher le motif dans des actes bien extraordinaires de ma part. J'ai tout simplement fait mon devoir, et je suis parmi les heureux que le sort a quelque peu favorisés. Bien d'autres, mieux que moi, auraient mérité cette distinction, qui ne l'ont pas. Aussi la possession de cette haute récompense est pour moi l'engagement ferme de continuer à faire mon devoir, et à le faire mieux encore. Le vieil adage « Noblesse oblige » me servira de guide une fois de plus.

« Je ne vous dirai pas quelles sympathies et quelles marques d'affection m'ont été témoignées, qui m'ont réjoui l'âme, autant que le ruban jaune et vert. Mais, sans trop léser la modestie, je puis bien cependant en faire hommage à mes anciens maîtres, dont les efforts auront été un peu récompensés.

« F. B. 12/1/15. »

« Dans deux mois reviendra le jour de la fête habituelle, où les anciens venaient aider aux jeunes à se souvenir, le leur apprendre plutôt. Cette année il n'y aura point de fête dans le « palais enchanté », et l' « aurore vermeille » qui viendra comme de coutume éclairer les grands murs blancs ne fera pas courir sur eux l'ombre des étendards inclinés aux fenêtres.

« Beaucoup de ceux qui avaient leur place réservée au banquet comme au spectacle seront restés sur les champs de bataille. Les autres, ce jour-là, auront avancé, victorieux, ajoutant à l'histoire, la plus belle et la plus glorieuse du monde, qu'est celle de la France, la page la plus grande et la plus héroïque.

« En priant pour ceux de nous qui ne seront plus et aussi pour tous ceux qui resteront, offrez aux jeunes élèves de Saint-Louis, nos petits frères, la leçon de l'acte accompli par les grands : la France a su se souvenir.

« L. M. 14/4/15. »

« Avant de terminer, j'émettrai un vœu. Saint-Louis a donné bien des fils à la France. D'autres encore vont venir s'ajouter à la liste. Je serais heureux si dans la coquette chapelle où nous avons jadis, au jour de notre première communion, prié pour la Patrie que si durement nous défendons, une plaque de marbre très simple, offerte par les jeunes qui cette année vont pour la première fois s'agenouiller à la table sainte, portait seulement les noms des camarades tombés au champ d'honneur, ainsi que la date et le lieu du sacrifice. Dans la maison de famille, ne convient-il pas de garder le nom du frère aîné ravi à l'affection des siens? N'est-ce point, en même temps qu'un souvenir, une leçon?

« L. M. 6/5/15 ».

« Cinq anciens élèves de Saint-Louis se sont rencontrés ce matin à la messe à quelques kilomètres en avant d'Ypres (Saint-Jean); ils ont parlé de leur cher collège et ils envoient leur souvenir affectueux à Monsieur le Supérieur et aux Professeurs.

« L. — B. — C. — B. — C. »

« Ma pensée reste unie étroitement à la vôtre dans une même idée de foi et d'espérance. L'heure du devoir a sonné. Vous avez su jeter dans mon cœur la semence du bien. C'est le moment de la faire fructifier dans l'épreuve et dans le sacrifice. Je me rappellerai vos conseils bienveillants et vos leçons profitables. Je m'efforcerai de rester fidèle aux deux principes qui ont guidé mon enfance et que vous m'avez appris si jeune à aimer : « Dieu « et Patrie ! ».

« S. P. 31/3/16 ».

« Je n'ai pas besoin de vous dire que souvent, soit aux Dardanelles, soit en Serbie ou en Macédoine, je me suis surpris à rêver au bon temps de Saint-Louis. Que de souvenirs en ces 14 années qui sont plus de la moitié de ma vie; tous ne sont pas à mon honneur, mais il n'y en a pas que je ne me rappelle avec plaisir...

« C'est maintenant que nous comprenons bien tout ce que nous devons à Saint-Louis. Comme la vie de campagne serait plus dure si nous ignorions la force qu'on trouve dans une prière, si nous ne savions pas qu'il y a quelque chose au-dessus de l'intérêt individuel. Vous nous avez donné pour devise : Religion et Patrie ! Je ne sais pas si je l'ai assez méditée, et certainement je n'en ai pas toujours été parfaitement digne. Je me la suis pourtant rappelée quelquefois et j'ai vu ce qu'elle valait.

« J. L. 1/12/16. »

« Je me rappelle avec quel soin inquiet vous souteniez la lutte des études classiques contre l'envahissement du moderne. Que de camarades aussi cultivés que moi, d'aucuns davantage, à qui la beauté d'un site en montagne ne suffisait pas à faire oublier la fatigue ou le mauvais temps : c'étaient pour la plupart ce que nous appelions des « sciençards »; je ne suis pas poète par tempérament, et j'ai conscience d'être un piètre lettré, pourtant je crois sincèrement avoir acquis une formation différente de celle que j'ai été souvent à même de constater chez des camarades sortis de la série D. De temps en temps j'accompagnais mon chef de service dans ses promenades à proximité du bivouac ; nous faisions des kilomètres pour voir quelques vagues ruines de la civilisation byzantine ou parfois même de la civilisation grecque antique. Évidemment nous n'étions pas de fins archéologues ; mais en nous rappelant nos auteurs nous tâchions d'identifier ce que nous voyions. Pendant ce temps là le noir n'avait pas de prise sur nous. Peut-être peut-on obtenir un résultat semblable en cherchant la solution d'un problème : Je n'ai pas souvent constaté le cas.

« J. L. 1/12/16. »

« J'irai puiser de nouvelles espérances dans la chapelle de mon cher collège. Alors, plus heureux, je retournerai vers la lutte atroce, inconcevable, qui se livre depuis si longtemps contre un ennemi implacable.

« S. P. 12/12/16. »

« Saint-Louis ne peut pas, ne doit pas être oublié de ses enfants. Ce n'est pas sans émotion que l'aspect de la grande maison blanche, ruche débordante de travail, de dévouements et de sacrifices, même en ces jours d'épreuve nationale, vient s'offrir à mes yeux...

« Promettez-moi de transmettre aux jeunes les vœux formés pour eux par leurs aînés, et d'offrir surtout aux frères d'armes, avec les meilleurs souhaits de prompt rétablissement, l'assurance que ceux du front sont toujours près d'eux par l'affection et le souvenir.

Puisse vivre Saint-Louis, le Saint-Louis d'antan, bruyant des jeux et des cris en même temps que recueilli dans la prière, et le Saint-Louis d'aujourd'hui héroïque de dévouement. Et alors au jour de la victoire, à laquelle la grande maison aura coopéré, si Saint-Louis pourra se glorifier de ses enfants, eux aussi auront le droit d'être fiers de lui.

« L. M. 1/1/17. »

Je suis animé d'un seul désir : faire mon devoir. J'ai été cité à l'ordre de la division en décembre 1914, et à nouveau en novembre 1916. L'honneur des nombreuses citations obtenues par vos anciens élèves, et je tiens à le dire bien haut, revient à Saint-Louis et à ses professeurs, qui inculquent à leurs élèves, au plus haut degré, les sentiments du devoir et de l'honneur...

« J'ai pu reprendre des relations interrompues par les circonstances de la vie et que je promets de continuer après la guerre... si Dieu me prête vie.

« P. V. 8/8/17. »

« Votre bonne lettre du 25 avril contenant l'image — souvenir de notre bien-aimé Damase Froger — m'est parvenue à l'aurore du mois de mai consacré à la Sainte Vierge. Cette image se trouve maintenant sur ma poitrine à côté du petit fanion tricolore du Sacré-Cœur. Je suis vraiment heureux de la posséder, car elle me sera un gage de protection dans les combats futurs.

« S. P. 7/5/18. »

« Je suis avec des jeunes gens charmants, ayant bonne éducation, bonne instruction, et pensant religieusement.

« Avec un jeune séminariste j'ai fondé une jeunesse catholique. On va tous les soirs à la prière à l'église. Chaque semaine nous tenons deux réunions dans une salle que les sœurs nous ont prêtée. Chacun de nous fait une conférence à son tour. La causerie terminée, nous discutons, et nous tâchons de conclure.

« Je suis vice-président; aussi je fais tous mes efforts pour amener le plus possible de camarades. Nos débuts sont magnifiques : au bout de trois réunions nous sommes déjà 47, et j'espère bien ne pas m'arrêter en si bon chemin.

« Nous avons trois buts :

« Nous connaître, car malheureusement on ne se connaît pas assez au régiment;

« Nous aider : c'est une œuvre de charité que nous voulons faire;

« Nous sanctifier, surtout. Inutile de vous dire que nous employons tous les moyens pour arriver à ce but.

« E. V. 16/12/19 »

LIVRE II

ANCIENS ÉLÈVES

MORTS POUR LA FRANCE

1 — ABLINE Louis, prêtre infirmier, ambulance 1/75, a fait la campagne d'Italie, mort à l'hôpital de Cholet le 13 mai 1918, des suites des fatigues de la guerre.

2 — AVRIL Stanislas, de Pouant, mort des suites des fatigues de la guerre, le 11 août 1917.

3 — BALLU Camille, de Saint-Just-sur-Dives, du 206e d'infanterie, blessé le 1er août 1918, mort à l'ambulance de Fayel (Oise), 9 août 1918, décoré de la médaille militaire et de la croix de guerre avec palme.

Excellent soldat, d'un courage admirable, s'est particulièrement distingué pendant l'attaque du 1er août où il a été blessé grièvement en se portant en avant sous un violent tir d'artillerie et de mitrailleuses.

4 — BAUDOIN Lucien, de Saumur, caporal au 87e d'infanterie, 2 fois blessé, 2 fois cité, tombé le 26 mai 1918 dans la Somme, enterré à Sarredoux (Somme).

5 — BENOIST Albert, de Denezé, caporal mitrailleur au 32e d'infanterie, blessé à Reméréville le 26 août 1914, tombé à Avocourt, près Verdun, le 5 mai 1916.

6 — BERTON Fulbert, de Ligueil, aide-major au 66e d'infanterie, tombé le 19 juillet 1918, en héros et en chrétien, à Mareuil-en-Brie. Il avait mérité la croix de guerre avec deux palmes et deux étoiles, la médaille militaire, la médaille des épidémies, une décoration serbe. Un médecin-inspecteur épingla sur la poitrine du mourant la croix de la Légion d'honneur.

Berton Fulbert, médecin auxiliaire du 66e d'infanterie : n'a cessé depuis le début de la campagne de se dépenser sans compter pour assurer le relèvement des blessés et les premiers soins à leur donner.

> Obligé, à trois reprises, d'évacuer son poste détruit par les obus, a continué à assurer le service dans une zone constamment battue par les feux d'artillerie et d'infanterie.

7 — BERTRAND Georges, de Tours, versé au 90e, passe au 414e d'infanterie, tombé le 26 avril 1918 à l'assaut du mont Kemmel.

8 — BERTRON Maurice, d'Angers, soldat au 335e d'infanterie, mort à Dijon des suites de ses blessures, en décembre 1915.

9 — BLAIN Marius, du Thoureil, tombé à Salonique.

10 — BOIDRON Émile, de Nueil, du 154e d'infanterie, disparu le 22 août 1914 à Jopécourt (Meurthe-et-Moselle).

11 — BONNETEAU Marcel, de Taizé (D.-S.), 114e d'infanterie, tombé à Zonnebeke, le 26 octobre 1914.

12 — BOUIN André, de Villebernier, caporal au 39e d'infanterie, blessé à Verdun, mort d'intoxication par les gaz le 27 mai 1919.

13 — BOURCIER Léon, de Rablay, médecin sous-aide major au 5e bataillon du 202e d'infanterie, décoré de la croix de guerre, tombé le 18 octobre 1917 devant Verdun,

14 — BRAC Pierre, de Saumur, sergent au 66e d'infanterie, disparu à Sailly-Saillisel le 18 octobre 1916.

15 — BRILLOUIN Maurice, de Saumur, sous-officier infirmier, mort pour la France, à Villers-Marnery (Marne), le 18 septembre 1916.

16 — BRISSON Albert, de Saumur, caporal au 26e bataillon sénégalais, mort à Marseille le 1er mars 1919, à la suite d'une maladie contractée à Salonique.

17 — BROTTIER Georges, de Brion-sur-Thouet (D.-S.), au 123e d'infanterie, tué près de Noyon, le 13 avril 1918.

18 — CAMUS Joseph, du Coudray-Macouard, caporal au 87e d'infanterie, tombé le 22 août 1914 à Houdrigniès (Belgique).

19 — CHOUTEAU Marcel, d'Argenton-le-Château, versé dans l'artillerie lourde, blessé grièvement à la bataille de la Somme, mort le 20 novembre 1916.

20 — CLÉE Charles, du Puy-Notre-Dame, tombé près de Soissons, le 24 janvier 1915.

21 — CLOTEAU Auguste, de Neuillé, tombé le 17 juillet 1915.

22 — COCHET Albert, de Saumur, lieutenant, escadrille MF 24, cité, mort à Chartres le 18 mars 1919, à la suite des fatigues de la guerre.

23 — COMMENTRY Edmond, de Saumur, sous-officier au 1er régiment étranger, disparu à Saconin (Aisne), le 30 mai 1918, cité.

> Le lieutenant-colonel Cot, commandant le régiment, cite à l'ordre du régiment le sergent Commentry Edmond, du régiment de marche de la Légion étrangère.
>
> *Motif de la citation* : « Grièvement blessé à son poste de combat, le 26 août 1916, a fait preuve du plus grand courage en ne se laissant évacuer qu'après avoir passé le commandement de sa demi-section. »

24 — CORNÉLIS Pierre, de Saumur, capitaine-commandant au 11e d'infanterie, chevalier de la Légion d'honneur, blessé 2 fois en 1914, tué devant Verdun le 9 otobre 1916.

25 — COUDRAIS Georges, de Tours, sergent au 135e d'infanterie, tombé le 18 octobre 1916 à Combles (Somme), écrasé avec 3 camarades par un obus de gros calibre : « Quand les bombardements sont trop forts, écrivait-il, et qu'il faut rester blotti dans son trou, je dis mon chapelet et je n'ai pas peur. »

26 — COURTIN Georges, de Saumur, du 42e colonial, téléphoniste, tué au Piton-Rocheux (Serbie), le 17 mai 1917.

> Modèle de courage et de dévouement. Tombé glorieusement à son poste le 17 mai 1917 en assurant une liaison téléphonique sous un bombardement des plus violents.

27 — CRÉTÉ Maurice, de Saumur, sous-lieutenant, 108e d'infanterie, cité à l'ordre de l'armée, tombé le 25 septembre 1915 en Artois.

Journal officiel du 29 novembre 1915.

M. Crété (Marie-Jean-Hector-Abel-Émile-Maurice), sous-lieutenant au 108ᵉ régiment d'infanterie, officier très distingué, d'une haute valeur morale. Blessé grièvement d'une balle à la tête, en pénétrant dans la tranchée ennemie, Est mort sur le terrain conquis en souriant et en encourageant ses camarades et ses hommes. »

28 — DAVEAU Georges, 79ᵉ d'infanterie, tué le 22 avril 1917 en Champagne.

29 — DAVEAU Raymond, du 209ᵉ d'infanterie, cité à l'ordre du jour, tué le 9 mai 1917.

30 — DEGAILLE Jean, de Tours, au 327ᵉ d'infanterie, cité, tombé au plateau de Valmy, près Soissons, le 15 septembre 1915.

Agent de liaison d'un sang-froid et d'une bravoure remarquables, a été blessé grièvement en allant porter un ordre, l'a fait transmettre par un camarade et est mort quelques instants après.

31 — DELACARTE Jean, de Saumur, sorti premier de l'École de Médecine militaire de Lyon, frappé d'un éclat d'obus en Belgique, en décembre 1914, mort pieusement le surlendemain. Cité à l'ordre.

A fait preuve du plus grand dévouement depuis le début de la campagne, accomplissant son devoir professionnel dans des conditions souvent périlleuses et a été mortellement blessé le 14 décembre à Vierstraat, dans l'exercice de ses fonctions.

Le général commandant la 32ᵉ division.

Signé : BOUCHEZ.

32 — DENEVAULT André, sous-lieutenant, tombé au Bois de la Gruerie, janvier 1915.

33 — DENEVAULT Raymond, lieutenant, 13ᵉ hussards, cité à l'ordre du jour, tombé près d'Arras, le 11 mai 1915.

Le général commandant le 1ᵉʳ corps de cavalerie cite à l'ordre le lieutenant Denevault, commandant la section de mitrailleuses du 13ᵉ hussards : très belle conduite pendant les journées du 4 et du 5 novembre et la nuit du 6. Mis dans la journée du 4 à la disposition du colonel Andrieu en même temps que son camarade du 5ᵉ hussards, celui-ci ayant été blessé à côté de lui pendant la reconnaissance du terrain, le lieutenant Denevault a pris le commandement des 2 sections et a mérité les félicitations du colonel et de tous les officiers qui l'ont vu.

Le 5, vers 15 h. 30, envoyé à l'escadron de chasseurs d'Afrique de 1re ligne chargé de prononcer une attaque, a appuyé le mouvement en avant qui a forcé les Allemands à abandonner une tranchée.

Ayant laissé ensuite, à la nuit, les sections derrière un abri a travaillé en personne, avec 2 hommes, sous le feu de l'infanterie allemande, à préparer une tranchée à côté de celle que creusait l'escadron qui a subi beaucoup de pertes.

Frévent, 17 décembre 1914.

Signé : Général CONNEAU.

34 — DESBOIS HENRI, de Baugé, sous-lieutenant au 49e bataillon de chasseurs, saint-cyrien de la promotion du Drapeau et de l'Amitié américaine, trois fois cité, tombé le 31 août 1918, sur l'Ailette, au moment où il enlevait des mitrailleuses et faisait des prisonniers.

Journal officiel du 11 janvier 1919. — Desbois Henri, chef de section à la 8e compagnie du 49e bataillon de chasseurs à pied : jeune officier d'une rare bravoure. Le 31 août 1918, a enlevé avec une belle énergie sa section à l'assaut d'une position fortement organisée et garnie de nombreuses mitrailleuses. A été grièvement blessé à la tête de ses hommes au cours du combat. Mort pour la France.

35 — DESSARD LOUIS, de Courchamps, mort pour la France à Cholet.

36 — DOUBLET MARCEL, de Saumur, lieutenant au 335e d'infanterie, tombé à la cote 306, le 29 juin 1917. Nommé chevalier de la Légion d'honneur.

37 — DROUARD EUGÈNE, d'Épieds, 135e d'infanterie, disparu à la bataille de la Marne, le 7 septembre 1914.

38 — DUVEAU ANDRÉ, de Varrains, brigadier au 416e d'artillerie lourde, cité, croix de guerre, tué d'un éclat de grenade en Argonne, près le Four-de-Paris, le 5 octobre 1918, inhumé à La Chalade.

39 — ERNOULT GASTON, de Turquant, soldat au 135e régiment d'infanterie et au 53e régiment d'infanterie, blessé à Bièvres et à Ypres en 1914, tombé devant Verdun, le 27 mai 1916.

40 — EXPERT RAYMOND, de Varrains, du 52e colonial, décoré de la croix de guerre en octobre 1917, tué le 6 janvier 1918 à la Tête-à-Vache, forêt d'Apremont devant Verdun.

> Expert Raymond, soldat très courageux et très dévoué, a effectué le ravitaillement de son unité sous les plus violents bombardements, volontaire pour toutes les missions difficiles. — 6 décembre 1917.
>
> Mort pour la France le 6 janvier 1918 en faisant courageusement son devoir.
>
> Signé : PÉTAIN, maréchal de France.

41 — FAVREAU CAMILLE, des Verchers, 125e d'infanterie, blessé le 26 août 1914, puis à Ypres en décembre 1914, et dans l'Artois le 20 mai 1915, mort à Lourdes des suites de ses blessures, juin 1915.

42 — FRÉMONT ALEXIS, de Moulihèrné, téléphoniste à la 56e division, tombé à Verdun le 13 octobre 1916.

43 — L'abbé FROGER DAMASE, surveillant à la division des Grands à Saint-Louis, 8e section d'infirmiers militaires, ambulance 3/152, cité à l'ordre du jour du 38e corps d'armée, tué par une bombe d'avion ennemi le 25 juillet 1917; enterré à Bouvancourt (Marne).

> *Citation* : « Soldat consciencieux, aussi méritant que modeste, très discipliné et d'un dévouement à toute épreuve. »

44 — GIRARD-BOUVET PIERRE, de Saint-Hilaire-Saint-Florent, lieutenant au 35e groupe d'automobiles, mort à Paris, en octobre 1918.

45 — GODET LOUIS, de Saumur, sergent au 135e d'infanterie, blessé à Prosnes, le 26 septembre, mort à Mourmelon-le-Petit, le 1er octobre 1914.

> La mort de votre fils me touche profondément, écrit son capitaine. Il m'avait donné, depuis le jour de la mobilisation, la preuve d'un tel courage et d'un tel amour du devoir que j'avais pour lui plus que de la sympathie, une véritable amitié. Je perds en lui un auxiliaire dévoué.

46 — GOISLARD JEAN-BAPTISTE, des Rosiers, mitrailleur au 409e d'infanterie, disparu à Vaux le 8 mars 1916.

47 — GOUBIN Maurice, de Vihiers, du 135e d'infanterie, tombé à Loos, le 11 mai 1915.

48 — GRATIEN Robert, de Saumur, sous-lieutenant au 113e d'infanterie, tombé en Argonne, le 15 avril 1916, d'une balle au front.

> Excellent officier plein d'allant et de sang-froid. A été mortellement frappé le 15 avril 1916, en observant les lignes ennemies.

49 — GUIGNARD Maurice, de Saumur, sergent au 66e d'infanterie, tombé à Ypres le 7 janvier 1915.

50 — HOUDAYER Ernest, de Longué, au 135e d'infanterie, blessé à l'Humois, mort à Angers en 1915.

51 — HUTAULT Fernand, de Missé (Deux-Sèvres), soldat au 114e régiment d'infanterie, disparu le 24 octobre 1914, à Zonnebeke.

52 — HUTAULT Isaïe, de Missé (Deux-Sèvres), sergent au 80e d'infanterie, tombé le 2 septembre 1918 au bois de Monthézel (Aisne) à 32 ans.

53 — LABOUDIGUE Maurice, de Saumur, sergent au 2e zouaves, 24 ans, décoré de la croix de guerre, déjà blessé 2 fois, tombé à la cote 344, en allant à l'attaque, le 25 novembre 1917.

54 — LACOTE Henri, de Saumur, sergent au 6e colonial, tombé à Souain, le 26 septembre 1915, quatre fois cité à l'ordre du jour.

> Lettre de son commandant de compagnie. — « A l'attaque du 25 septembre 1915, en Champagne, il faisait partie de la première vague d'assaut ainsi que toute la compagnie.
>
> « Devant sa section, l'entraînait de façon remarquable; après avoir fait une cinquantaine de mètres, il est blessé à la jambe. Voyant sa blessure peu grave, il revient devant sa section, l'entraîne de nouveau, mais une deuxième balle le frappe à la tête et il tombe sur la face, en avant, sans prononcer un mot ayant fait tout son devoir.
>
> « Le sergent Lacote a ét cité à l'ordre du régiment le 2 octobre pour sa belle conduite. Son nom est inscrit au livre des braves de la compagnie.

Citation du 15 *août* 1915. — A déployé la plus grande activité et la plus grande énergie en assurant constamment le ravitaillement en munitions à deux secteurs différents et, en certains points, en passant sur les parapets, dans une zone dangereuse

Proposé pour adjudant le 18 août 1915 :

« Très bon sergent, s'acquittant consciencieusement de ses devoirs. Plein d'entrain, de courage et d'énergie, ayant un fort ascendant sur ses hommes, agissant toujours avec calme même dans les situations difficiles. Fera un très bon adjudant et pourra devenir un bon officier :

Proposé pour sous-lieutenant le 18 août 1915 :

« Très bon sergent, courageux, dévoué, très consciencieux sait inspirer la plus grande confiance à ses hommes, sait commander. Fera un bon officier possède une solide inst uction générale.

Proposé pour la décoartion anglaise « médaille de conduite distinguée » (médaille militaire anglaise) le 17 septembre 1915 :

« Très bon sous-officier, énergique et d'un entrain remarquable. Entraîneur d'hommes s'est distingué pendant les combats des 11 et 12 août 1915.

55 — LAPLANCHE Jacques, de Saumur, engagé au 3e génie, blessé à Chalons-sur-Vesle, mort le 18 mars 1915.

56 — LE BRECQ Henri, de Saumur-Châtellerault, classe 1897, mobilisé comme sergent au 69e territorial, a refusé plusieurs fois les galons d'officier ; versé au 319e d'infanterie active, puis au 73e territorial. Croix de guerre, août 1916, bataille de la Somme.

Cité une seconde fois. Le 27 mai au Chemin des Dames, il est blessé ; refuse de quitter le rang, continue à tirer sur l'ennemi jusqu'au moment où une balle l'étend mort.

57 — LEGEAY Jean, de Châteaugontier, sous-lieutenant au 91e régiment d'infanterie, disparu le 26 septembre 1914 sur la Marne.

58 — LEGEAY Yves, de Châteaugontier, blessé le 24 septembre 1914, mort à Saint-Sylvain en avril 1917.

59 — LEGROUX Armand, d'Alger, mitrailleur au 10e dragons, tombé à Vernhaupt, le 29 août 1915.

60 — LEROY Olivier, de Chacé, mort à Chalons-sur-Marne, le 21 octobre 1914.

61 — L'abbé LORRAIN Henri, ancien élève, ancien professeur de Saint-Louis, aumônier du 114ᵉ d'infanterie, croix de guerre avec trois palmes et deux étoiles, frappé d'une balle au cou, à Aubvillers, le 23 juillet 1918. Son corps repose à Paillart (Oise). Sur sa tombe, le colonel du 114ᵉ a salué M. Lorrain comme « un précieux auxiliaire, une grande figure, un excellent prêtre, un beau Français. »

> En toutes occasions, et dernièrement au cours du combat des 9 et 10 mai, n'a cessé d'apporter dans les premières lignes de tranchées le secours de son ministère et d'encourager les hommes par sa présence constante dans les heures les plus périlleuses.
>
> *Ordre de l'armée.* « Aumônier du régiment, s'est porté le premier au secours des blessés enfouis sous les décombres d'un poste de secours avancé, et a entraîné derrière lui le personnel nécessaire au sauvetage, au milieu d'un bombardement intense. »

62 — M. l'abbé LUAIS Jean-Baptiste, professeur de philosophie à Saint-Louis, sous-lieutenant au 4ᵉ d'infanterie, trois fois cité à l'ordre du jour, décoré de la croix de guerre, tombé en Argonne, d'une balle au front, le mars 1916.

63 — MAHOU Moïse, de Noyant, 131ᵉ d'infanterie, à Gorcy (Meurthe-et-Moselle) le 22 août 1914.

64 — MAHOU Roger, de Noyant, adjudant au 90ᵉ d'infanterie, tombé le 9 mai 1915, deux fois cité à l'ordre du jour.

> N'a cessé de faire preuve depuis le début de la campagne d'une énergie, d'un sang-froid et d'un courage remarquables. A fait volontairement en maintes circonstances des reconnaissances très audacieuses, s'est distingué particulièrement dans les combats autour d'Ypres, du 24 octobre au 12 novembre.

65 — MALÉCOT Camille, de Ligré, au 30ᵉ d'artillerie, mort des suites d'accident, 30 août 1916.

66 — DE MAREUIL Pierre, capitaine, tombé le 15 décembre 1916, sous Verdun.

67 — MARTINEAU Robert, de Saumur, des 131ᵉ et 80ᵉ d'infanterie, tombé à Verdun, le 23 février 1917.

68 — DE MASSACRÉ ÉDOUARD, de Saumur, 33e d'artillerie, mort à Zuydcoote le 20 décembre 1914.

69 — MÉE GEORGES, de Saint-Florent, 69e d'infanterie, blessé grièvement en septembre 1914, tombé le 25 septembre 1915 aux environs de Tahure.

70 — MERLE MARCEL, de Saumur, sous-lieutenant au 6e génie, cité à l'ordre du jour, tombé devant Verdun le 22 mai 1916.

Officier courageux et consciencieux. A dirigé et fait exécuter sous un bombardement d'une violence sans précédent, des travaux de défense particulièrement difficiles.

71 — MONTAUDON CHARLES, de Saumur, engagé classe 1918, cité à l'ordre du jour, téléphoniste E. M. 1er groupe, tué à son poste le 1er novembre 1916.

Le lieutenant-colonel commandant l'A. D./18 cite à l'ordre du régiment le militaire Montaudon Charles, tué à son poste en assurant à plusieurs reprises, sous un bombardement violent, la liaison téléphonique avec l'infanterie.

72 — MOREAU MARCEL, de Assais (Deux-Sèvres), du 86e d'infanterie, tué le 12 octobre 1918 à Vouziers.

73 — MORTIER ROBERT, de Saint-Gervais (Gironde), 7e colonial, mort à Moudros (Lemnos), le 26 mai 1915.

74 — DE LA MOTHAYE MAURICE, d'Avoine, décédé le 20 décembre 1915, des suites de maladie contractée au service de la France.

75 — DE NEUVILLE YVES, Saumur-Nantes, passé sur sa demande de la cavalerie dans l'infanterie, capitaine, tué le 28 septembre 1918 devant Sainte-Marie à Py, en attaquant à la tête d'un bataillon, chevalier de la Légion d'honneur.

27 août 1914. — 2e division de cavalerie. — Ordre de la division.

« Le général commandant la 2e division de cavalerie adresse à M. le lieutenant de Neuville du 17e chasseurs, ses félicitations pour l'intelligence et l'activité qu'il a déployées dans son service spécial de chef de détachement de cavaliers télégraphistes de la 2e division de cavalerie. Malgré les heures tardives d'installation, les difficultés de toute nature, le service a toujours été assuré dans des conditions de rapidité, de bon ordre et de régularité qui prouvent le dévouement et l'esprit de discipline des hommes du détachement ainsi que la valeur de l'instruction qu'ils ont reçue en garnison et de la bonne direction qui leur a été donnée par leur officier.

3 mars 1915. Ordre du régiment, 2e brigade de cavalerie, 17e régiment de chasseurs. Ordre : « Le colonel commandant le 17e régiment de chasseurs, cite à l'ordre du régiment M. de Neuville, lieutenant. Dans la nuit du 25 au 26 mars, a dirigé avec beaucoup de sang-froid et d'intelligence une forte reconnaissance sur les défenses de Chazelles; a rapporté des renseignements précis sur l'occupation de ces défenses par l'ennemi. »

Au mois de juillet 1915, ordre de la brigade (19 juillet 1915).

« Le colonel commandant la 148e brigade d'infanterie cite à l'ordre de la brigade le lieutenant de Neuville du 17e régiment de chasseurs. Détaché à l'État-major de la 148e brigade pendant une période d'attaque, a rendu de précieux services comme officier de liaison, remplissant avec une conscience et une intelligence tactique appréciées les missions qui l'amenaient à traverser un terrain fortement battu, jusqu'à la première ligne, de nuit comme de jour, sans jamais connaître la fatigue ni le danger

Le 11 avril 1916. 2e armée. Ordre de la division.

2e armée, groupement Descoings, 22e division d'infanterie, au P. C., le 2 avril 1916. Ordre de la division, 118e d'Infanterie. « M. Coquebert de Neuville, capitaine à T. T., officier d'une grande bravoure et d'un sang-froid remarquable. Est allé en plein jour en terrain découvert, le 2 avril, reconnaître un point des lignes où l'ennemi avait pris pied; a rampé dans l'eau au milieu des cadavres, sous les obus et le feu des mitrailleuses, rapportant des renseignements du plus grand intérêt. S'est proposé ensuite spontanément pour une mission importante et sans souci du danger. »

Le 26 juillet 1916.

Ve armée, 37e corps d'armée, 22e division d'infanterie. Ordre de la division au S. C. le 26 juillet 1916, 118e d'infanterie. « Coquebert de Neuville, capitaine adjudant major à T. T., S. M. 1er bataillon. Officier plein de bravoure et d'entrain. A dirigé de façon remarquable tant au point de vue de l'organisation matérielle que de l'entraînement moral des hommes, la préparation d'un coup de main sur une tranchée allemande.

Le 29 juin 1917.

« VIe armée. Ordre de l'armée : M. Coquebert de Neuville Yves, capitaine adjudant major au 118e d'infanterie. Officier d'une valeur incontestable, déjà cité cinq fois à l'ordre de la division, de la brigade et du régiment. Proposé au mois de novembre, pour la Légion d'honneur pour sa belle conduite pendant les combats de la prise du fort de Vaux, qu'il a commandé ensuite pendant un mois et qui lui a valu les félicitations du général commandant le corps d'armée. A depuis et dans chaque circonstance au cours des combats de mai et juin 1917, fait preuve de courage, d'intelligente initiative et de dévouement. Au G. Q. A; le 29 juin 1917, le général Maistre, commandant la 6e armée »

Le 15 mai 1918. 2e à l'Ordre de l'armée.

G. Q. G. des Armées du Nord et du nord-est. M. Coquebert de Neuville (Yves-Armand-Charles-Marie) (active) capitaine de cavalerie détaché au 118e régiment d'infanterie a été nommé dans l'ordre de la Légion d'honneur au grade de chevalier. Officier de la plus haute valeur, aussi courageux que dévoué, s'est dépensé sans compter au cours des derniers combats, maintenant sur ses positions son bataillon violemment assailli par des forces supérieures. A été grièvement blessé, le lendemain, en organisant la position. Une blessure antérieure. Cinq citations.

« Le maréchal de France, commandant en chef des Armées françaises de l'est, cite à l'ordre de l'armée :

« M. Coquebert de Neuville, Yves-Charles-Marie, capitaine adjudant-major au 118e d'infanterie : « Officier de très grande valeur. A commencé la campagne comme officier de cavalerie. A demandé à passer dans l'infanterie en décembre 1915 et y a fait toute la guerre. N'a cessé de montrer l'abnégation la plus complète, donnant à ses hommes l'exemple du devoir accompli et de l'amour le plus profond de la patrie. Officier aux sentiments les plus nobles. Le 26 septembre 1918, commandant le 2e bataillon du régiment, il le conduit à l'attaque de la ferme Navarin, prend une large part à l'enlèvement de cette position puissante et tombe en organisant la position conquise. Décoré de la Légion d'honneur et titulaire de sept citations antérieures. »

Proposé pour une promotion posthume au grade d'officier de la Légion d'honneur.

76 — OUDRY Gustave, de Saint-Martin-de-Senzay, du 114e d'infanterie, tombé à Neuville-Saint-Vaast, le 11 juin 1915.

77 — PACREAU André, d'Airvault, sous-lieutenant au 27e d'artillerie, tué le 7 septembre 1917 à la côte du Poivre. Il avait obtenu 3 belles citations.

« Le 23 juillet 1917, au cours d'un bombardement, le feu ayant été mis au camouflage d'un dépôt de munitions de la batterie voisine, n'a pas hésité à aller éteindre ce foyer d'incendie au lieu de s'abriter, a été blessé. Officier brave et plein d'entrain, deux fois cité, déjà blessé. »

Extrait d'une lettre de son capitaine : « Nous ne le plaignons pas ! Il est tombé en brave, face à l'ennemi, dans une tranchée récemment conquise, ayant fait son devoir jusqu'au bout. Mais nous regretterons toujours le gai camarade, au caractère droit et sympathique, dont l'entrain faisait notre joie et notre admiration... La veille de sa mort, je lui avais communiqué la proposition de citation à l'ordre de l'armée, que je faisais en sa faveur. Il repose en un coin sacré du sol inviolé de l'antique citadelle, au milieu des braves qui, comme lui, ont donné leur vie pour la France. »

78 — PÉAN GASTON, de Forges, mitrailleur, 131e d'infanterie, tué le 23 mars 1918, à Viry-Noreuil (Aisne).

79 — PELLETIER PAUL, de Chinon, tombé à Saint-Florent, près Sainte-Menehould, le 30 juillet 1915.

80 — PEYRAUD PIERRE, de Lonzac (Corrèze); aspirant, sous-chef de char, chars d'assaut Renault, tué le 1er août 1918 à Grand-Rozoy (Aisne).

S'est engagé fin 1914, au 3e chasseurs à cheval à Clermont-Ferrand.

Est parti au front le 4 février 1915, à l'es adron divisionnaire de la 25e division d'infanterie. A passé l'année 1915 au front, (régions de la Somme et de la Champagne) et a été nommé brigadier.

Se trouvait à Verdun, comme agent de liaison en février et mars 1916.

Est retourné dans l'Oise, fin mars 1916.

Puis est passé dans l'artillerie d'assant à la fin de la même année. Période d'instruction à Marly-le-Roi et au camp de Cercottes.

En 1917 a pris part, comme sous-chef de char (sur tank modèle Saint-Chamond) aux attaques suivantes :

Offensive du 16 avril (Mont Cornillet).

Attaque du 5 mai. Au moulin de Laffaux, son char portant le fanion du Sacré-Cœur, reste 25 minutes en panne sur une tranchée allemande ; sur 8 hommes, 5 (dont l'officier commandant) sont blessés grièvement par le tir des mitrailleuses de la tranchée. Pierre resté chef de char avec deux hommes, parvient miraculeusement, peut-on dire avec lui, à remettre le tank en marche. Ils ne reviennent à l'arrière qu'après avoir atteint les objectifs qui leur avaient été désignés.

Citation collective de l'A. S. à l'ordre de l'armée.

Attaque d'octobre 1917 lors du recul allemand derrière l'Ailette.

En janvier 1918, il est entré à Fontainebleau pour un cours de trois mois. Il en sortait aspirant en mars 1918, ayant comme classement de sortie le numéro 6.

Peu de temps après il était affecté à une section de chars d'assaut (modèle Renault).

Le 1er août 1918, à 4 heures du matin, il quittait sur son tank, le Plessier-Huleux, pour se porter à l'attaque et à 6 heures, à la c te 205, près du Grand-Rozoy (Aisne), un obus de gros calibre, arrivant de plein fouet sur le char le détruisait complètement. Tous les hommes présents à bord étaient tués sur le coup.

Ils furent inhumés par leurs camarades dans le trou produit par l'explosion de l'obus, au bord de la route du Grand-Rozoy à Braisnes.

81 — PICARD Auguste, de Thouars, sergent au 314ᵉ d'infanterie (1915).

82 — PIMOT Stéphane, de Chacé, mitrailleur au 367ᵉ d'infanterie, disparu le 1er juin 1918 à Bonnes (Aisne).

83 — PLOQUIN Louis, d'Allonnes, 135ᵉ d'infanterie, tombé à la Fère-Champenoise, le 9 septembre 1914.

Soldat au 135ᵉ régiment d'infanterie, 12ᵉ compagnie. Au régiment lors de la déclaration de guerre, est parti avec lui. Il a fait courageusement la campagne et la retraite de Belgique, puis la bataille de la Marne, où il a trouvé une mort glorieuse.

Il est resté bravement avec une poignée de camarades près de son lieutenant-colonel, au moment de la ru e allemande. Se retirant en compagnie de ce dernier, lorsqu'il était déjà trop tard, il a été grièvement frappé, et est resté dans les lignes allemandes.

Il repose à la Fère-Champenoise, tombe n° 124, au lieu dit « Le sapin court. »

84 — PRESTREAU Frédéric, de Brissac, tombé à Ginchy (Somme), le 27 août 1914.

85 — LE RAY André, de Saumur, caporal au 266ᵉ d'infanterie, tombé devant Verdun, le 25 mars 1916.

86 — RETAILLEAU Henri, des Tuffeaux, sergent au 6ᵉ génie, tombé devant Verdun, le 9 mai 1916.

87 — RETAILLEAU RODOLPHE, des Tuffeaux, du 127e d'infanterie, tombé à Raucourt (Somme), le 25 septembre 1916.

88 — RIVEREAU GEORGES, de Bagneux-lès-Saumur, caporal au 113e d'infanterie, tombé à Boureuilles, le 25 décembre 1914.

89 — ROBREAU GABRIEL, de Montfort, du 2e groupe d'aviation, tué d'un accident le 11 novembre 1918.

90 — ROUSSEAU ÉMILE, de Villebernier, du 82e d'infanterie, tombé à Fontenelle, en juillet 1915.

91 — ROY Désiré, de Coulonges-Thouarsais, soldat au 114e régiment d'infanterie, puis sergent-major et adjudant de bataillon, tué le 18 octobre 1918.

> « Adjoint au chef de bataillon le 18 octobre 1918, n'a pas hésité à franchir le barrage le plus violent pour rejoindre les éléments de tête, réorganisant son service en pleine mitraille et assurant ainsi une liaison complète. Est tombé mortellement frappé en accomplissant sa mission. » Est proposé pour la médaille militaire. Est mort en pleine connaissance manifestant jusqu'à la fin une foi vive et son ardente affection pour les siens. « Je meurs heureux et tranquille. Que mes parents ne me pleurent pas et sachent que j'ai fait tout mon devoir. »
>
> A l'aumônier, M. Métayer, qui lui donne une suprême absolution, il dit : « Je suis prêt... dites à ma mère de ne pas pleurer ». A son capitaine, qui lui demande comment il se trouve : « Et vous, mon capitaine, vous n'êtes pas blessé? Et le commandant? Et mes hommes? »

92 — SIMON JEAN, lieutenant au 5e cuirassiers, puis au 13e chasseurs, enfin au 4e chasseurs, tombé pour la France, le 27 mars 1917, à Montmirail : avait fait la campagne de Belgique, la Marne, l'Yser, croix de guerre, trois citations.

93 — SOURIT PIERRE, de Fontenay-le-Comte, sous-lieutenant, tombé à Hébuterne, le 7 juin 1915, en entraînant ses hommes; il avait été blessé une première fois et cité trois fois à l'ordre du jour.

94 — THOMAS Armand, de Saumur, attaché comme mécanicien au service de l'aviation, tué dans la nuit du
16 au 17 juin 1917 à Raray, près de Senlis.

95 — TRAVAILLÉ Auguste, de Montreuil-Bellay, caporal
mitrailleur au 131e d'infanterie, disparu à Douaumont
le 23 mai 1916.

96 — VASSEUR Jules, de Saumur, mort à Cherbourg, des
suites de ses blessures, le 27 décembre 1914.

97 — VERRIER Frédéric, de Thouars, capitaine du génie,
commandant la compagnie G. M. 5, décoré de la Légion
d'honneur, croix de guerre, blessé en Belgique le
3 août 1917, décédé le 29 à l'hôpital de Zuydcoote.

Capitaine Frédéric Verrier, commandant la compagnie
du génie maritime, no 3, du troisième génie, décédé des
suites de blessures reçues le 3 août sur le front des Flandres.

Ancien élève de l'École polytechnique, il était au début
de la guerre, ingénieur de la Société des Appareils Rateau.

Pendant les deux premières années des hostilités, lieutenant dans une compagnie du génie (service des Ponts),
constamment sur le front, il a fait campagne en Alsace,
sur l'Oise, sur la Somme, à Verdun ; plusieurs fois il en a
été détaché, pour accomplir des missions spéciales et périlleuses.

Nommé capitaine au mois d'octobre 1916, il a été envoyé
dans les Vosges et en Champagne. Dans les premiers mois
de 1917, appelé à commander la compagnie du génie maritime, no 3, il a, dans la région de Saint-Quentin, sous le feu
de l'ennemi, construit de nombreux ponts métalliques ou
autres. Enfin au mois de juillet il fut dirigé sur le front des
Flandres, pour y exécuter les mêmes travaux.

Le 3 août, dans les environs des Pypegale, en reconnaissance pour la construction d'un pont, au cours d'un intense
bombardement, il a été atteint à la tête, d'un éclat d'obus,
et le 29 il mourait des suites de ses blessures.

Le 8 août, il recevait la croix de la Légion d'honneur, la
Croix de guerre avec palme accompagnées de la citation
suivante :

« Excellent officier, qui a rendu les plus précieux services
en dirigeant de nombreux travaux exécutés dans des conditions souvent périlleuses, a constamment fait preuve de
courage et de sang-froid, sous les bombardements ennemis. Grièvement blessé au cours de la construction d'un
pont. Perte de la vision de l'œil gauche. »

A cette citation, nous ajouterons quelques extraits de lettres reçues par lui ou par sa famille à l'occasion de sa blessure ou à la suite de son décès.

Le colonel, chef du service des Routes, le sachant blessé, lui écrivait du Grand Quartier général :

..... « Je ne veux pas tarder plus longtemps à vous exprimer toute la peine que m'a causée votre blessure, et vous faire part de l'émotion que j'ai ressentie en apprenant combien vous aviez été cruellement frappé dans la mission toute de confiance qui vous avait été donnée. Je ne saurais trop rendre hommage aux belles qualités militaires et distinguées que vous n'avez cessé de montrer depuis que vous avez bien voulu entrer dans notre service; à l'entrain, à l'activité, au cran dont vous avez fait preuve en maintes circonstances. Je vous en félicite et vous en remercie du plus profond de mon cœur. »

Son commandant, quelques jours après sa blessure, écrivait de lui :

..... « C'est un si aimable et si bon camarade doublé d'un chef tout à fait remarquable. Il a pu vous dire que je l'avais fait travailler à force, et que je ne l'avais pas ménagé en avril et mai, parce que je savais tout le parti que je pouvais tirer de son ardeur et son intelligence. »

Le lendemain dans une seconde lettre :

..... « Je vous redis, comme hier, toute l'affection que je porte à votre fils si bon camarade, si vaillant collaborateur.

« Je puis vous donner le témoignage unanime de tous les officiers au milieu desquels il travaillait là-bas, de l'État-major de l'armée, de ses officiers, de ses hommes, des sapeurs belges, jusqu'aux simples soldats qui travaillaient avec lui; tous ont manifesté le chagrin de le savoir blessé, et je suis heureux de pouvoir vous citer ces témoignages d'estime et d'affection. »

Le lendemain de sa mort, un autre de ses chefs de service, adressait à son père ces mots :

..... « Votre fils laisse des regrets unanimes chez tous ceux qui l'ont connu, et ont été à même d'apprécier son beau caractère. Brillant officier, aussi sympathique à ses chefs qu'à ses hommes, ne reculant devant aucune mission, si périlleuse fût-elle; il a rendu les plus grands services, et est mort à son poste de combat. Je suis fier d'avoir pu serrer la main à ce brave quelques heures avant sa mort. »

Terminons par ces quelques mots d'un de ses compatriotes, convoyeur aux armées, et appelé plusieurs fois par ses fonctions à collaborer à ses travaux :

..... « Il est tombé en brave. Cette mort glorieuse doit vous être une consolation. Je l'ai vu au milieu de ses hommes, j'ai assisté à ses travaux, j'ai vu son mépris du danger, et j'ai pu me rendre compte combien ses soldats lui étaient affectueusement dévoués. »

Fidèle à sa vie tout entière, il est mort en homme de devoir, en Français et en chrétien.

98 — VIDAL Joseph, de Saumur, adjudant au 66ᵉ d'infanterie, blessé le 15 mai 1915. Reparti volontairement au front. De nouveau blessé le 5 mai 1916 et cité à l'ordre du jour. Frappé à 15 mètres des lignes allemandes le 18 octobre 1916, en avant de ses hommes qu'il entraînait à l'attaque d'une forte position allemande entre Yerval et Sailly-Saillisel. A reçu pour sa brillante conduite au feu et services distingués l'étoile de Kara-George avec glaives en or.

« Son pauvre corps n'a pu être retrouvé sur le petit coin du sol qu'il avait repris à l'ennemi à la tête de sa section ; il est tombé, votre cher enfant, en entraînant merveilleusement ses hommes à l'assaut. Nous avons tous la triste conviction que l'adjudant Vidal, un des meilleurs d'entre nous, a précédé ses camarades dans les demeures éternelles que le Seigneur des armées a bâties pour les braves entre les braves. Pour moi, je l'aimais entre tous pour sa bravoure indomptable, sa générosité, l'élévation de ses sentiments. Je sais qu'il me rendait mon affection. Votre fils, Madame, était digne de vous. »

Signé : Colonel PAILLÉ.

Citation à l'ordre du corps d'armée (20 mai 1916).
Chef de section d'un courage et d'une énergie exemplaires. Le 3 mai 1916 a su, par son calme et son entrain, maintenir sous un bombardement intense, le moral de ses hommes. A été blessé grièvement.

99 — DE WAUBERT DE GENLIS Jean, de Saumur, parti maréchal des logis au 25ᵉ dragons, blessé à Pilken, près Ypres. Retourné au front, demande à passer dans l'infanterie. Nommé sous-lieutenant au 135ᵉ d'infanterie, blessé, passe au 4ᵉ cuirassiers puis au 16ᵉ chasseurs à cheval, est nommé lieutenant au 28ᵉ dragons, passe au 6ᵉ cuirassiers, blessé le 30 mars près Argicourt-Montdidier, perte de l'œil gauche. Légion d'honneur, 3 citations.

« Officier ayant déjà donné de nombreuses preuves de son brillant courage, deux fois blessé, a exécuté le 9 janvier dans les lignes une reconnaissance offensive qui a fourni d'utiles renseignements. »

« Officier très brave et plein d'allant, a été blessé grièvement à son poste de combat. Déjà 2 fois blessé et cité.

« Très brave officier, déjà blessé deux fois au cours de la campagne. l'a été à nouveau grièvement en prenant une part brillante aux deux combats qu'a soutenus son régiment, résistant aux assauts de forces ennemies très supérieures en nombre. »

Mort des suites de ses blessures, en 1919, à l'école de cavalerie de Przemysl (Pologne).

Cœur miséricordieux de Jésus,
Donnez-leur le repos éternel !

PRIÈRE

Le dimanche 7 février 1915 des prières
publiques ont eu lieu dans toutes les églises de
France.

Montez, prières enflammées
Des pauvres femmes alarmées
Vers le Seigneur, Dieu des armées
Qui garde en ses mains notre sort
Dont tout ce qui respire et pense
Tient sa peine ou sa récompense
Et qui, Maître absolu, dispense
Bonheur ou malheur, vie ou mort !

Seigneur, c'est pour la douce France
Qui, t'appelant dans la souffrance,
Lève vers toi son espérance,
Et te consacre son chagrin;
La France pieuse et guerrière
Qui, sans regarder en arrière
Etait autrefois l'ouvrière
De tes œuvres, Dieu Souverain !

Pour la douce France meurtrie
Qui travaille, se bat et prie,
Dont l'art noble a fait sa patrie
Dont tes serviteurs sont les fils,
Terre où l'héroïsme se lève,
Dont saint Louis porte le glaive,
Terre de sainte Geneviève
De Jeanne d'Arc et de Clovis !

Pour ceux que la horde germaine
A pris vivants et qu'elle emmène
Dans sa forteresse inhumaine,
Enchaînés comme des voleurs,
Croyant — dans leur prison perdue —
La France qu'ils ont défendue
Toute piétinée et mordue
Par la meute des chiens hurleurs

Seigneur c'est pour celui qui tombe
Dans la furieuse hétacombe
Sans prêtre, sans linceul, sans tombe...
Pour les mourants, pour les blessés
Qui, rongés par la soif amère,
Hallucinés par la chimère
Appellent vainement leur mère...
Seigneur, c'est pour les trépassés !

Notre soldat qui se dévoue
Expirant le front dans la boue
Est digne, quand la mort le cloue,
Les doigts crispés sur son Lebel,
Que tes anges nimbés de flamme,
Aillent au devant de son âme,
En déployant pour oriflamme
Un morceau constellé du ciel,

Que sur son passage se range
L'innombrable et sainte phalange,
Dont le chef, saint Michel archange,
Fait les trompettes retentir,
Et que l'épée étincelante
De saint Michel s'incline, lente,
Saluant la pourpre sanglante
De ce petit Français martyr !

Montez, prières enflammées
Des pauvres femmes alarmées
Vers le Seigneur, Dieu des armées
Qui garde en ses mains notre sort,
Dont tout ce qui respire et pense
Tient sa peine ou sa récompense
Et qui, Maître absolu, dispense
Bonheur ou malheur, vie ou mort !

R. B.

LIVRE III

PROFESSEURS
ET ANCIENS ÉLÈVES
MOBILISÉS

PROFESSEURS

M. BENESTREAU, classe 1909, mobilisé le 23 mai 1917,
sert au 66ᵉ d'infanterie, passe comme infirmier au T. M.
420 Paris.

M. BORÉ classe 1900, mobilisé le 13 janvier 1915, brancardier à la 17ᵉ section d'infirmiers, cité à l'ordre de l'infanterie divisionnaire :

« Bon soldat, calme dans le danger. A Verdun, à l'Ourcq
(18 au 28 juillet 1918), à l'Ailette (20 au 26 septembre 1918),
a fait preuve du plus grand courage dans la relève des blessés,
malgré les difficultés du terrain et la violence des tirs enne
mis. »

M. BRÉBION RENÉ, classe 1907, mobilisé le 2 août 1914
comme sergent au 77ᵉ d'infanterie, nommé adjudant,
3 blessures : 8 septembre 1914, 18 février 1915,
18 avril 1917. Versé dans le service auxiliaire pour blessure de guerre, mis en sursis, 2 citations.

1ʳᵉ *Citation*, 4 janvier 1917
Du 25 au 28 décembre 1916, a su, dans des circonstances
difficile , maintenir par son attitude à un degré élevé le moral
de ses hommes. S'était déjà distingué aux combats des
8 septembre 1914 et 20 février 1915. Excellent sous-officier.
2ᵉ *Citation* 28 *avril* 1917
Le 18 avril 1917, au cours d'une contre attaque, n'a pas
hésité à sortir, sous un bombardement des plus violents, pour
aller reconnaître un emplacement favorable où il disposa sa
section pour arrêter l'ennemi. A été blessé. Remarquable
sous-officier doué d'une belle énergie et d'un magnifique sang-
froid.

M. CHESNEAU comptable volontaire à l'hôpital auxiliaire
nᵒ 6. A tenu avec le plus grand zèle la comptabilité de
l'hôpital depuis le 2 août 1914 jusqu'à sa mort, toujours
prêt à servir, de nuit comme de jour, sans se laisser arrêter par la maladie.

A obtenu les palmes de vermeil de la Croix-Rouge.

Proposé pour la médaille de 1ʳᵉ classe de la Reconnaissance française.

M. DUPOUET, classe 1889, mobilisé le 9 octobre 1915 à la
9e section d'infirmiers. En sursis le 16 septembre 1917.

M. DURAND, classe 1891, mobilisé le 12 janvier 1915 à la
9e section d'infirmiers. Interprète, puis caporal, le
18 octobre 1915. En sursis le 13 octobre 1916.

M. FAGUET, classe 1896, mobilisé le 31 mars 1915 à la
9e section d'infirmiers, caporal le 5 septembre 1916.
En sursis.

M. GABOREAU, classe 1890, mobilisé le 30 mars 1915 à la
9e section d'infirmiers. En sursis.

M. LANDREAU, classe 1899, mobilisé le 8 août 1914 à la
9e section d'infirmiers, nommé sergent. En sursis.

M. LASNET, classe 1898, mobilisé le 8 août 1914 comme
infirmier, puis interprète à l'E. M. américain et brigadier.

M. LEVESQUE, classe 1909, mobilisé le 23 mai 1917, brigadier au 249e d'artillerie, nommé aspirant et sous-lieutenant.

M. MERCIER, classe 1901, mobilisé le 4 août 1914 comme
infirmier. Réformé pour blessure de guerre.

M. MÉRIT, classe 1903, mobilisé le 13 janvier 1915 comme
infirmier.
    Cité à l'ordre de la 58e division en juin 1918, dans les
termes suivants :

    « Agent de liaison d'un sang-froid et d'un courage remar-
    quables. A assuré son service d ur. la matinée du 7 juin 1918,
    traversant à plusieurs reprises un barrage par obus toxiques
    d'une extrême densité et dans des conditions rendues très
    délicates par la progression de l'ennemi. »

M. MOREAU, classe 1895, mobilisé le 12 janvier 1915.

M. MOREL, classe 1901, mobilisé le 1er août 1916 au 66e d'infanterie, nommé aspirant.

M. NOUTEAU, classe 1901, mobilisé le 12 janvier 1915 à la
9e section d'infirmiers, nommé caporal. Sursis, décédé
le 27 octobre 1918.

M. NOUVEL, classe 1899, mobilisé le 2 août 1914 comme
infirmier. Attaché à l'armée d'Orient. A reçu la médaille
des épidémies.

M. PINEAU, classe 1904, mobilisé en mars 1915 à la 9e section d'infirmiers. Réformé.

M. SOULARD, classe 1898, mobilisé en mars 1915 à la
9e section d'infirmiers. A fait fonction d'aumônier au
9e d'infanterie. A reçu, le 18 septembre 1916, la médaille russe de l'ordre de Saint-Georges, 3 citations.
Atteint gravement par ypérite en 1918.

Ordre de la Division :
« Prêtre affecté au G. B. D. et venu sur sa demande dans
un régiment actif comme brancardier. S'est toujours fait
remarquer par un zèle et une abnégation dignes des plus
beaux éloges. Au cours des combats sous Verdun et de l'offensive du 17 au 20 avril 1917, s'est prodigué avec un courage et
un dévouement inlassables pour rechercher les blessés et
leur porter des secours matériels et moraux. »

Ordre du Régiment :
« Le 26 avril 1918 a fait preuve de courage et de dévouement en se portant sous un violent bombardement au secours
d'un officier supérieur qui venait d'être mortellement atteint. »

Ordre de la Brigade :
« Infirmier et aumônier volontaire, assure sans répit son
service avec un dévouement inlassable. S'est fait particulièrement remarquer par son activité et son mépris absolu
du danger au cours des combats du 29 au 31 août 1918 »
(Ordre de l'infanterie divisionnaire).

ÉLÈVES

1 — ALBERT MARCEL, de Saumur, engagé volontaire au
6ᵉ bataillon de chasseurs alpins, le 20 décembre 1914,
nommé sur le front caporal, parti à Salonique, puis
ramené dans les Vosges. A pris part à l'offensive de la
Somme, où il a eu les pieds gelés. Évacué sur Amiens.
Porte la fourragère. Blessé grièvement le 23 octobre
1917 à la Malmaison, a été amputé de la cuisse droite
et a obtenu la médaille militaire et la Croix de guerre.
Deux citations à l'ordre de la division, citation à
l'ordre de l'armée, novembre 1917.

> Citation à l'armée, novembre 1917 :
> « Excellent gradé qui s'est distingué par sa bravoure et
> son sang-froid dans tous les combats livrés par le bataillon;
> le 23 octobre 1917, a entraîné brillamment son escouade
> à l'assaut des tranchées ennemies et a été grièvement blessé
> au cours de la progression. Amputé de la cuisse droite. »

2 — AMIOT JACQUES, de Saumur, engagé volontaire au
26ᵉ bataillon de chasseurs à pied le 26 mars 1918,
élève-aspirant à l'École spéciale militaire de Saint-Cyr.
Cité à l'ordre de la brigade le 1ᵉʳ novembre 1918.

> Citation à l'ordre de la brigade de la 13ᵉ division d'infan
> terie (26 B. C. P) :
> « Le 1ᵉʳ novembre 1918, à l'attaque d'une position enne
> mie fortement tenue, s'est montré plein d'allant et de
> cran. Chef de demi-section est parti résolument à la tête
> de ses chasseurs qu'il entraîna magnifiquement. Sa com
> pagnie étant arrêtée net par un feu de mitrailleuses, a
> maintenu ses hommes sur la position conquise, contre
> battant énergiquement l'ennemi.

3 — AMIOT JULES, de Saint-Florent, mobilisé à la date du
2 août 1914 à la gare de Saumur, en qualité de capitaine commissaire militaire, a servi successivement au
32ᵉ régiment d'infanterie, au 69ᵉ régiment d'infanterie
territoriale, au 91ᵉ régiment d'infanterie territoriale,
au 28ᵉ régiment d'infanterie territoriale, à la Mission

française près l'armée américaine, au service du territoire de la Xe armée. A été nommé chef de bataillon, le 15 mai 1915, puis au grade de lieutenant-colonel, le 29 juin 1917, a été cité à l'ordre de l'armée, de la 13e division d'infanterie et du 10e corps d'armée.

Ordre n° 363 du G. Q. G., en date du 7 novembre 1914 :
« Bien qu'appartenant à l'armée territoriale, a demandé à partir avec le régiment actif; y commande avec une bravoure, une énergie et un coup d'œil remarquables, une compagnie. Blessé à deux reprises le 26 octobre dans un combat violent où sa compagnie a éprou de fortes pertes, a maintenu la position qu'il avait à occuper, refusant de se laisser évacuer avant la nuit. » — Signé : Joffre.

Ordre n° 198 de la 13e D. I. en date du 18 septembre 1916 :
« Officier supérieur de haute valeur, déjà cité pour sa bravoure au début de la Campagne; pendant l'offensive sur la Somme a remarquablement organisé et assuré le ravitaillement des troupes d'attaque en munitions et matériel, et obtenu de ses hommes un rendement complet. — Signé : gén ral de Bouillon.

Ordre n° 336 du 10e C. A. en date du 14 août 1918 :
« Le général commandant le 10e corps d'armée cite à l'ordre du corps d'armée le 28e régiment d'infanterie territoriale :
« Sur le front depuis le début de la campagne, sous le commandement succe sif du lieutenant-colonel Meykiechel, du colonel Couturier et du *lieutenant-colonel Amiot*, n'a cessé de se montrer le précieux auxiliaire des régiments de l'active. Maintes fois engagé dans le combat malgré de lourdes pertes, a donné sans cesse les plus beaux exemples d'ardeur et d'entrain. S'est distingué en Artois, en Argonne, dans la Somme, en Champagne et dans la Meuse où partout il a rempli les missions les plus difficiles et résisté victorieusement à des attaques allemandes souvent violentes. » — Signé : Vandenberg.

A été décoré de la Légion d'honneur par décision ministérielle du 24 novembre 1914.

Croix de guerre avec palme, étoile de vermeil et étoile d'argent. Blessé à deux reprises le 26 octobre 1914 à Zonnebecke (Belgique).

4 — ANGELI Fernand, commandant d'infanterie coloniale, a été cité trois fois à l'ordre de son corps d'armée, et versé au 14e d'infanterie. Promu officier de la Légion d'honneur et nommé lieutenant-colonel au 245e d'infanterie. A commandé le 11e d'infanterie,

colonel en mai 1918, a été blessé gravement, a mérité
la fourragère.

5 — ANGERAND ANDRÉ, de Saumur. Engagé volontaire
au 3e hussards le 24 février 1915, a servi successivement au 55e régiment d'artillerie coloniale, au 46e régiment d'artillerie coloniale, au 237e régiment d'artillerie
coloniale (batterie de tranchées), au 136e régiment
d'artillerie lourde. A fait les campagnes de Champagne 1915, Verdun et Somme 1916, Chemin des
Dames et Vosges 1917, Oise, Somme et Aisne 1918.
Nommé brigadier le 19 avril 1916 et maréchal des
logis le 3 mars 1919.

Citation à l'ordre de l'artillerie divisionnaire (127e division d'infanterie), n° 30 du 5 mai 1917 :

« Brigadier très zélé et très courageux a toujours fait
preuve de calme et de sang-froid dans ses fonctions de chef
de pièce. »

Citation à l'ordre de l'artillerie divisionnaire (166e division d'Infanterie), n° 19 du 10 mai 1917 :

Jeune brigadier ,d'un allant remarquable, s'est particulièrement distingué pendant les tirs d'avril, faisant
preuve du plus beau zèle. »

Citation à l'ordre du 136e régiment d'artillerie lourde,
n° 8 du 25 août 1918 :

« Téléphoniste zélé et consciencieux a toujours assuré
les liaisons de sa batterie malgré un violent bombardement. »

6 — ANGLICHAULT EDGARD, de Loudun, 8e génie.

7 — ARNAUD AUGUSTE, de Bazouges-la-Pérouse (Ille-et-
Vilaine), a fait la campagne de Belgique, la retraite
de la Marne et l'Yser, comme maréchal des logis au
13e hussards. Nommé sous-lieutenant de cavalerie,
passe au 97e alpins, grièvement blessé le 13 juin 1915
au « Cabaret-Rouge », près de Souchez, cité à l'ordre
de l'armée à cette occasion. Sous lieutenant au 4e hussards, lieutenant, citation à l'ordre de l'armée (n° 67)
Légion d'honneur.

« A, par deux fois, les 9 mai et 12 juin, brillamment
enlevé sa section à l'assaut des tranchées ennemies. A
atteint l'objectif indiqué et s'y est maintenu malgré plusieurs contre-attaques. A été grièvement blessé. »

8 — ARNAULT René, de Bourgueil (Indre-et-Loire), sergent-major au 90ᵉ d'infanterie, blessé, cité en 1914,
passe au 319ᵉ d'infanterie.

9 — AUBRY Gustave, de Thouars, 20ᵉ chasseurs à cheval.
A eu trois chevaux tués sous lui, nommé brigadier,
puis maréchal des logis.

10 — BALME Joseph, de Saumur, automobiliste à l'armée
d'Orient. Nommé brigadier.

11 — BARBEAU Henri, d'Épieds, caporal téléphoniste au
314ᵉ d'infanterie. A servi ensuite aux 232ᵉ et 119ᵉ
régiments d'infanterie, sergent le 25 août 1914, adjudant le 7 novembre 1917. A fait les campagnes du
Grand-Couronné, Verdun (2 fois) Le Xon, Champagne,
Somme, Aisne, Ardennes. Cité à l'ordre du 314ᵉ régiment d'infanterie en février 1915 :

« S'est, en toutes circonstances, signalé par son zèle per-
manent et son extrême dévouement dans l'exercice de ses
fonctions. »
Cité à l'ordre du 232ᵉ R. I. en octobre 1918.

12 — BAUCHARD Charles, de Saumur, sous-lieutenant au
128ᵉ d'infanterie. Au début de la campagne, a reçu
trois blessures et a été fait prisonnier. Interné d'abord
à Ingoldstadt, puis transféré à Plassenbourg, au retour
de captivité a été nommé capitaine.

13 — BAUCHARD Raoul, de Saumur, mobilisé comme sergent au 66ᵉ d'infanterie, nommé officier d'administration, chargé des fonctions d'état-civil à l'H. O. E.,
37/I.

14 — BAUDOUIN Édouard, de Saumur, incorporé au 6ᵉ génie
comme sapeur mineur, a été versé au bataillon territorial D, du génie d'Étapes, puis au 11ᵉ génie. Campagnes : Argonne, Verdun, Chemin des Dames,
Kemmel, Ypres, La Lys, l'Escaut.

15 — BAUDOUIN Léon, de Saint-Nicolas-de-Bourgueil, mobilisé au 66ᵉ d'infanterie. Blessé en avril 1915, près

d'Ypres, a été de nouveau atteint en septembre de la même année au bois de la Grurie.

16 — BAZOGE HENRI, des Verchers, mobilisé au 33e d'artillerie, versé au 29e d'artillerie campagne.

17 — BEAUFILS MAURICE, de Varennes-sur-Loire, versé d'abord au 3e régiment d'artillerie lourde, est affecté au 111e.

18 — BEAUFILS RENÉ, de Varennes-sur-Loire, sergent mitrailleur au 66e d'infanterie, puis nommé adjudant. Deux fois cité à l'ordre du 9e corps. A été blessé en juillet 1917.

> Est porté à l'ordre du jour du 9e corps d'armée :
> « René Beaufils, sergent mitrailleur au ..e régiment d'infanterie : « Le 5 mai 1916, a dirigé le tir de sa pièce avec un calme et une énergie dignes de tout éloge. A largement contribué à faucher l'attaque allemande. »

19 — BEAUMONT CHARLES, des Rosiers, versé comme automobiliste à la Commission régulatrice du réseau du Nord. Conducteur à l'État-major du général Foch.

20 — BEAUVAIS MARTIAL, escadron de cavalerie légère (1re région), versé au 365e régiment d'infanterie.

21 — BELLIARD LOUIS, du Vaudelnay, classe 1918, au 9e d'artillerie lourde, Poitiers. Versé au 114e. Blessé.

22 — BENOITON ANTOINE, de Bourgueil, sapeur au 6e génie, passe au 8e génie, nommé caporal.

23 — BERNARD ÉDOUARD-AMAND, docteur à Doué, aide-major de 1re classe, aux XIe, VIIe et XVe régions.

24 — BERTON GABRIEL, pharmacien à Poitiers, nommé aide-major de 1re classe, train sanitaire Etat, 18.

24bis — BESNARD ÉMILE, de Bagneux, au 135e d'infanterie 37e compagnie, passe au 80e régiment d'infanterie, compagnie mitrailleuses.

> Est cité à l'ordre du régiment :
> « Besnard Emile, du 80e d'infanterie, 1re classe, matricule 14706, C. M. I. Jeune soldat de la classe 1918, très brave

et très dévoué. Le 6 novembre 1918, ayant à traverser un
plateau battu par les mitrailleuses pour assurer la liaison
avec sa section, s'est acquitté de sa mission avec un beau
courage. »

25 — BESNARD Théodore, de Longué, mobilisé au 33e
d'artillerie, nommé brigadier, maréchal des logis,
sous-lieutenant au 49e d'artillerie.

> Ordre du régiment nº 53.
> Le colonel Combuzat, commandant le 49e R. A. C. P.
> cite à l'ordre du régiment, Besnard Théodore, sous-lieu-
> tenant ,6e batterie : .
> « Avait fait preuve comme sous-officier au 33e régiment
> d'artillerie de belles qualités de courage et d'énergie au
> cours des liaisons avec l'infanterie pendant la bataille de
> la Somme. — Officier énergique s'est particulièrement
> distingué comme observateur aux combats de Dormans en
> juin 1918 et à l'attaque du saillant de Saint-Mihiel, en sep-
> tembre 1918.
>
> *Artois*, juin-juillet 1915, secteur d'Ablain-Saint-Na-
> zaire; septembre-décembre 1915, secteurs de Vailly et
> de Loos; février-mars 1916, secteur de Carency.
> *Somme*, avril 1916, secteur Rosières en Santerre.
> *Verdun*, avril-mai 1916, secteur d'Avocourt.
> *Champagne*, juin-août 1916, secteur de Souain.
> *Somme*, octobre 1916, janvier 1917, secteurs de Sailly
> et Bouchavesnes.
> *Champagne*, avril 1917, secteur est de Reims.
> *Aisne*, avril-juin 1917, secteur de Craonne; octobre—
> novembre 1917, secteur du Moulin de Laffaux.
> *Lorraine*, février 1918, secteur de Réchicourt.
> *Somme*, avril-mai 1918, secteurs de Hangard et Moreuil.
> *Marne*, mai juin 1918, secteur de Dormans.
> *Champagne*, juillet août 1918, secteur de Reims.
> *Saint-Mihiel*, septembre 1918, secteur de Limey.
> *Champagne*, septembre—octobre 1918, secteur de Reims;
> novembre 1918, secteur de Rethel.

26 — BESSON Charles, de Blou, brigadier au 109e d'artillerie lourde, nommé maréchal des logis.

27 — BESSON Clément, de Blou, au 109e d'artillerie.

28 — BICHON Paul, de Thouars, du 135e d'infanterie, blessé
à Bièvre (Belgique), le 23 août 1914. Versé comme
automobiliste au 83e d'artillerie lourde R. A. L. T.
(tracteurs), et nommé maréchal des logis, cité, croix
de guerre.

29 — BIGNON Edmond, de Saumur, cité à l'ordre du jour. Croix de guerre, nommé médecin major de 2ᵉ classe.

30 — BIGNON Gaston, de Saumur, lieutenant de vaisseau, embarqué à bord du « Voltaire », a été appelé au commandement d'un contre-torpilleur grec.

31 — BIONNEAU Marcel, du Vaudelnay, capitaine au 32ᵉ d'artillerie. Blessé.

32 — BLAIN Alphonse-Léopold, de Bouillé-Loretz, mobilisé à l'école de cavalerie de Saumur, passé au 7ᵉ hussards et au 31ᵉ dragons.

33 — BLANCHARD Achille, du Puy-Notre-Dame, parti dès le début de la campagne avec le 77ᵉ d'infanterie, a été nommé à son régiment conducteur échelon de mitrailleurs, A fait les campagnes de Belgique, Somme, Artois, Verdun, Aisne.

34 — BLORDIER André, d'Angers, aide-major au 90ᵉ d'infanterie. Cité.

35 — BLOUDEAU Robert, de Saumur, sergent au 6ᵉ génie, grièvement blessé à Bièvres (Belgique), le 23 août 1914, a été fait prisonnier, soigné à Magdebourg, a été interné à Altengrabow.

36 — Abbé BODET Marcel, de Taison (Deux-Sèvres), brigadier-fourrier au 3ᵉ régiment d'artillerie à pied. Nommé maréchal des logis au 69ᵉ R. A. P. et sous-lieutenant au 68ᵉ R. A. P. Cité le 4 novembre 1917 à l'ordre du 69ᵉ R. A. P.

« Sous-officier remarquable par sa belle et courageuse attitude sur les chantiers exposés. Le 17 octobre 1917, a réparé sous les obus les dégâts d'une plate-forme endommagée par le tir. » — (Du quartier général de la 1ʳᵉ armée (Belgique), nᵒ 4077, 4 novembre 1917.)

37 — BODINEAU Georges, de Saint-Cyr-la-Lande (Deux-Sèvres), brigadier, 49ᵉ d'artillerie.

37bis—DE BODMAN JEAN, engagé volontaire pour la durée de la guerre à 48 ans, maréchal des logis au 21e dragons, cité à l'ordre.

« A donné à ses hommes de beaux exemples de dévouement et d'entrain pendant quatre jours passés dans les tranchées sous le feu de l'artillerie. »

38 — BOISNARD LÉOPOLD, de Saint-Cyr, sergent au 72e d'infanterie, service automobile.

39 — BOISSONNEAU PROSPER, d'Épieds, maréchal des logis au 2e spahis, 2e escadron, Sidi-Madjaede.

40 — BONNEAU CHARLES, de Saumur, incorporé comme infirmier à la 9e section.

41 — BONNEAU PAUL, de Saumur, parti infirmier à la 8e section, puis affecté à la 9e.

42 — BONSERGENT MARCEL, de Saint-Florent, mobilisé au 14e hussards, maréchal des logis au 12e cuirassiers à pied, aspirant au 7e d'artillerie, nommé sous-lieutenant. Deux citations.

7e régiment d'artillerie coloniale. Ordre du régiment n° 396 :
Le lieutenant-colonel d'Haugouwart, commandant le le 7e régiment d'artillerie coloniale, cite à l'ordre du régiment l'aspirant Marcel Bonsergent, de la 1re batterie : « Sous-officier brave et énergique. A assuré la liaison à cheval, avec une belle intrépidité, sous tous les bombardements, pendant les combats des 1er et 4 juin 1918. »
14e D. I. Ordre de la 19e division d'infanterie, n° 192
Le général Tronchard, commandant la 19e division d'infanterie, cite à l'ordre de la 19e division d'infanterie le sous-lieutenant Marcel Bonsergent, du 7e régiment d'artillerie coloniale, E. M. du 2e groupe : « Jeune officier brave et plein d'audace. A assuré la liaison dans des contions particulièrement délicates, entre des groupes et l'infanterie du 31 juillet au 5 août 1918, au moment de l'avance sur la Vesle. Légèrement blessé, est resté à son poste et a tenu à remplir sa mission jusqu'au bout. »

43 — BONSERGENT RAYMOND, de Saint-Florent. Blessé, 21e génie, projecteur au Maroc.

44 — BORRIEN Henri, de Villebernier, mobilisé au 77e d'infanterie, parti au front comme médecin auxiliaire au 72e territorial, a été versé au 5e génie. Cie B.-I. Aide-major ambulance 13/1, équipe chirurg. 256 A.

45 — BOUCARD Marcel, de La Chapelle-sur-Loire, mobilisé au 25e dragons, maréchal des logis au 43e d'artillerie, 101e batterie du 240 de tranchées.

46 — BOUCARDEAU Henri, de Ruffec (Charente), infirmier au 125e d'infanterie, médaille des épidémies, a été nommé caporal en septembre 1914, secrétaire du médecin-chef, ambulance 1/9, cité. Versé caporal au 58e régiment d'infanterie.

47 — BOUCHARD Antoine, de Saumur, capitaine au 13e bataillon territorial de zouaves.

48 — BOUGOUIN Gilbert, de Saint-Cyr, 135e d'infanterie.

49 — BOUGOUIN Jean, de Saint-Cyr, au 77e d'infanterie.

50 — BOUGOUIN Julien, de Saint-Cyr, au 25e dragons.

51 — BOUGUIER Henri, de Saix, au 134e d'artillerie lourde, front belge.

52 — BOUJIEAU Alexandre, de Vivy, du 66e d'infanterie, a été blessé en août 1915 à Billimagny. Blessé une 2e fois.

53 — BOUJIEAU Alphonse, de Vivy, au 8e cuirassiers à pied.

54 — BOUTELOUP Jean, de Saumur, mobilisé au 37e d'artillerie, passe successivement aux 266e et 20e d'artillerie; brigadier le 27 mai 1917, maréchal des logis le 7 février 1918. A fait les campagnes du Chemin des Dames, Belgique, Lorraine, Aisne (2 citations). Intoxiqué par les gaz au mont Kemmel le 15 avril 1918.

A l'ordre du 266e régiment artillerie de campagne, le 28 juillet 1918 :
« A dirigé le ravitaillement en obus aux pièces sur une position très violemment bombardée du 22 au 30 avril 1918,

avec le plus grand calme, et n'a cessé ses fonctions d'a ti-
ficier qu'au moment de son évacuation, sous-officier dévoué
et brave. »

A l'ordre de la 64ᵉ division le 20 novembre :

« Sous-officier énergique et d'une belle tenue au feu.
Lors des attaques du 4 novembre 1918, étant chef d'un
détachement de liaison auprès d'un bataillon d'infanterie,
s'est fait remarquer par la façon dont il a assuré ce service
dans une zone particulièrement battue. »

55 — BOUTIN François, de Varrains, sous-intendant militaire à Pithiviers, nommé au Mans, puis à Paris, sous-
directeur de l'intendance au ministère de la guerre.

56 — BOUTIN Léon, capitaine aux 67ᵉ et 64ᵉ régiments d'infanterie territoriale.

57 — BOUVET Albert-Louis, de Saumur, caporal 9ᵉ groupe
cycliste, mobilisé au 9ᵉ D. C. en qualité de chasseur
de 2ᵉ classe, a servi successivement au 9ᵉ cuirassiers
à pied, au 71ᵉ bataillon de chasseurs, au 10ᵉ bataillon
de chasseurs, a fait les campagnes de la Marne, Yser,
Lorraine, Verdun, Champagne, a été nommé au grade
de caporal le 10 avril 1915, puis au grade de sergent-
fourrier le 18 mai 1916, sergent-major le 15 juin 1916,
sous-lieutenant le 29 novembre 1916, lieutenant le
29 novembre 1918. Deux citations, décoré de la croix
de guerre, 2 étoiles.

Citation à l'ordre de la division :

Le colonel Beuvelot, commandant la 74ᵉ division cite
le sous-lieutenant Bouvet Albert pour le motif suivant :
« Officier d'une bravoure et d'un entrain remarquables,
toujours prêt à marcher et à s'offrir pour les opération ;
difficiles, a contribué à repousser plusieurs coups de main
de l'ennemi au Bois des Caurières, le 4 mars 1917. Du 1ᵉʳ
au 9 septembre 1917 a conduit presque chaque nuit des
reconnaissances audacieuses poussant jusqu'à 600 mètres
de nos lignes dans une région de canaux tenue par l'ennemi,
a rapporté d'excellents renseignements. »

Aux armées, le 24 septembre 1917. — Signé : Beuvelot.

Le général commandant le 11ᵉ corps d'armée, cite à
l'ordre du corps d'armée :

Le sous-lieutenant Bouvet Albert Louis de la 8ᵉ compagnie du 71ᵉ bataillon de chasseurs à pied : « Pendant
8 jours de durs combats n'a pas perdu un seul instant ses

qualités d'entrain, d'esprit agressif et de bonne humeur. Les deux autres officiers de la compagnie étant tombés, a pris le commandement et l'a exercé avec une maîtrise réelle, luttant pied à pied, tirant avec ses hommes, contre-attaquant sans cesse, a infligé à l'ennemi des pertes considérables (déjà cité). »

Le général commandant le 11ᵉ corps d'armée : Prax.

57ᵇⁱˢ — BRAC Georges, de Saumur, aide-major 2ᵉ classe, 276ᵉ territorial, 59ᵉ d'infanterie, 53ᵉ d'infanterie territoriale, aide-major de 1ʳᵉ classe en novembre 1916. Cité à l'ordre du 53ᵉ d'infanterie territoriale.

58 — BRAC Jean, de Saumur, infirmier 9ᵉ section.

59 — BRETON Charles, d'Allonnes, réserve du personnel sanitaire.

60 — BRETON Ernest, de Varrains, sergent au 70ᵉ territorial, versé comme maréchal des logis à un régiment d'artillerie lourde.

61 — DE LA BROSSE Guy, de Saumur, versé dans l'aviation, a été blessé grièvement dans une chute de 2.000 mètres au camp d'Avor.

62 — BRUNET Fernand, de Doué, est nommé sous-lieutenant au 32ᵉ d'artillerie. Passé au 22ᵉ.

63 — BRUNET Roger, de Doué, brigadier aux spahis marocains.

64 — BUREAU Louis, de Saint-Nicolas de Bourgueil, sergent-fourrier au 70ᵉ territorial.

65 — CAMUS Pierre, du Coudray-Macouard, engagé volontaire au 3ᵉ hussards, nommé brigadier, puis maréchal des logis, blessé, 2 fois cité.

66 — CARTIER Marcel, de Chartres, caporal au 131ᵉ régiment d'infanterie et au 3ᵉ zouaves de marche, 2 fois blessé, cité à l'ordre de la division.

Ordre de la Division :
« Toujours brave et énergique au feu, deux fois blessé. »

67 — CASTEX Pierre, de Saumur, au 23e d'artillerie. Cité
à l'ordre du jour. Passé à la 28e section de repérage
par le son.

68 — CESLEAU Raoul, de Chacé, maréchal des logis-chef
au 31e régiment d'artillerie lourde, 6e batterie divisionnaire, cité à l'ordre du régiment. Blessé à Spincourt.

« Parti au début de la campagne avec une batterie de
renforçement, chargé comme agent de liaison de transmettre un ordre qu'il savait important, n'a pas hésité à
traverser une zone battue par les obus. Blessé et revenu
au dépôt, a demandé avec persistance à repartir sur le
front. »

69 — CHANTOISEAU Alfred, de Restigné (Indre-et-Loire),
mobilisé au 66e d'infanterie, blessé en octobre 1916
et avril 1918. 2 citations.

Brancardier très brave, possédant au plus haut point
le sentiment du devoir. A fait preuve du plus grand courage sous des bombardements incessants pendant la période
du 9 au 21 octobre. 23 octobre 1916. Signé DILLEMAN.

Le colonel Souli, commandant le 66e régiment d'infanterie, cite à l'ordre le soldat Chantoiseau Alfred, C. H. R.
musicien brancardier d'un dévouement absolu. Le 18 avril
1918 a transporté les blessés sous de violents bombardements et des rafales de mitrailleuses. Blessé pour la
deuxième fois le 18 avril 1918.

70 — CHAPRON Marcel, de Saumur, mobilisé au 81e régiment d'infanterie territoriale, a servi à la 11e section
d'infirmiers, au 351e régiment d'infanterie, a fait les
campagnes de Belgique, Somme, Verdun, Alsace.
Nommé caporal et sergent.

71 — CHARBONNEAU Étienne, de Combrée, parti comme
lieutenant dans le camp retranché de Paris, nommé
capitaine, a servi aux 71e et 72e régiments d'infanterie
territoriale, blessé à Verdun et cité deux fois à l'ordre
du jour. Nommé chevalier de la Légion d'honneur.
État-major D. E.

Blessé le 9 mars 1916 à Verdun.

Ordre de la 52e brigade du 2 décembre 1915 : « Le 20 mai
1915, une torpille étant tombée sur un abri du P. A. qu'il

commandait et ayant éclaté à l'intérieur en tuant 3 hommes et en bouleversant l'abri a fait preuve d'un rès beau courage personnel et d'une haute autorité morale sur ses hommes, en organisant lui-même les travaux, prenant la pelle et la pioche pour encourager les travailleurs et ne cessant de donner à tous l'exemple du dévouement et de la sollicitude, pendant les deux heures que dura le travail de déblaiement, et cela malgré les nombreux obus qui tombaient autour de lui. »

Ordre de la 52e Division d'infanterie :

« Officier parfait, exécutant avec la plus grande conscience tous les travaux qui lui sont confiés, payant de sa personne et se portant pour donner l'exemple aux endroits les plus dangereux où se trouvent ses hommes. A rendu les plus grands services pendant 19 jours, pendant l'exécution, en première ligne, des travaux de préparation pour l'attaque du 31 juillet 1917. »

72 — DE CHARETTE DE LA CONTRIE, de Nantes, engagé volontaire pour la durée de la guerre, le 4 août 1914, au 64e régiment d'infanterie, est passé au 65e régiment d'infanterie, nommé sous-lieutenant le 7 septembre 1914, et lieutenant le 24 décembre 1917, cité à l'ordre de l'armée.

« Engagé volontaire pour la durée de la guerre, quoique d'une nombreuse famille, a eu en toutes occasions, une très brillante conduite. A été grièvement blessé à Fère-Champenoise, le 8 septembre. »

73 — CHARPENTIER ÉMILE, de Saint-Martin de Sanzay (D.-S.), versé au 15e chasseurs à cheval, passé au 14e hussards.

74 — CHARVET RENÉ, de Saumur, téléphoniste, nommé caporal, a été versé du 266e au 335e. Nommé sergent. Cité à l'ordre du jour en août 1917.

« Chef de liaison d'un bataillon d'assaut. Après avoir tenté d'entretenir les liaisons en réparant ses premières lignes sous un violent bombardement, a organisé et réussi à assurer avec ses hommes la liaison par « coureurs ».

75 — CHASLE CONSTANT, de Chacé, est parti comme infirmier à la 15e section.

75bis — CHASLE ÉMILE, de Chacé, cycliste au 166e d'infanterie, a pris part aux batailles de Nomény et des Éparges

Grièvement blessé et fait prisonnier à la « Tête de Vache », a été amputé de la jambe droite à Metz. Rapatrié avec les grands blessés. A reçu la croix de guerre et la médaille militaire.

76 — CHASLE JEAN, de Chacé, incorporé au 66e d'infanterie.

77 — CHASLE LOUIS, de Chacé, 9e régiment d'artillerie à pied.

78 — CHASLE MAURICE, de Chacé, 266e et 277e d'infanterie.

79 — CHOUTEAU AIMÉ, d'Argenton-le-Château (Deux-Sèvres mobilisé infirmier, versé à l'hôpital temporaire nº 6, à Angers.

80 — CLOSIER LOUIS, de Saumur, médecin aide-major à l'ambulance 5/9, versé au service d'oto-rhino-laryngologie.

81 — COCHET GABRIEL, de Saumur, lieutenant d'artillerie, observateur en aéroplane, commandant l'escadrille M. F. 24, nommé capitaine et envoyé en mission en Roumanie pour organiser le service d'aviation. Décoré de la Légion d'honneur.

Officier observateur d'artillerie, remarquable de courage, de sang-froid et de dévouement, a rendu les plus grands services à son arme en assurant de façon parfaite de très nombreuses missions de réglages. A soutenu de rudes combats aériens notamment les 7 avril, 26 mai et 22 juin 1915 Le 5 janvier 1916 a exécuté une mission particulièrement dangereuse; attaqué par un avion de chasse ennemi, est rentré, sa mission accomplie, avec son avion criblé de balles. »

Le général commandant la e armée cite à l'ordre de l'armée le lieutenant Cochet Gabriel, de l'escadrille M. F. 32 :

« Très grands services rendus à son arme, soit comme commandant de batterie, soit comme observateur en avion. A fait des reconnaissances photographiques précieuses et a réussi de nombreux réglages de tir au cours desquels il a toujours fait preuve de beaucoup de décision, de sang-froid et de courage. Le 16 mai n'a pas hésité à attaquer un avion ennemi puissamment armé et après un combat émouvant l'a forcé à la retraite. »

« A rendu au cours des attaques de juillet et d'avril, au nord de la Somme, les plus précieux services à la Division à laquelle il était attaché en renseignant le commandement avec intelligence et précision, aussi bien sur le front atteint par notre infanterie que sur l'état des défenses ennemies. Est descendu, pour remplir avec plus de soin sa mission jusqu'à une très faible haûteur au-dessus des lignes ennemies et a eu, à plusieurs reprises, son appareil touché par les balles. »

82 — COGNÉ FÉLIX, de la Jumellière, classe 1919, au 77e d'infanterie.

83 — COILLÉE JEAN, de Commercy, aspirant au 3e chasseurs d'Afrique.

84 — COMMENTRY ANDRÉ, de Saumur, embarqué sur le « Jean-Bart », promu au grade d'enseigne de 1re classe et décoré de l'ordre de Saint-Stanislas de Russie. Sous-marin « Gustave-Zédé », 1re armée navale.

85 — CONSTANTIN CAMILLE, de Gizeux (Indre-et-Loire), brigadier au 109e d'artillerie.

86 — CONTREAU HENRI, de Marçay (Sarthe), sapeur télégraphiste au 8e génie. Parti caporal, nommé sergent. E. M. 65e division.

87 — CORNILLON ÉTIENNE, de Saumur, adjudant au 66e d'infanterie, passé au 290e et au 143e.

A été décoré de la médaille militaire le 25 décembre 1916 pour le motif suivant : « Excellent sous-officier, ayant de longs services antérieurs, se fait remarquer depuis le début de la guerre par son entrain et son dévouement. »
A été cité à l'ordre du régiment le 1er juin 1918. n° 168.
« Chef de section brave et énergique. A payé partout de sa personne, notamment au cours des batailles de la Somme (1916) et de l'Aisne (1917). S'est fait remarquer dans la défense de son secteur en décembre 1916 et dans les journées des 24 et 25 juillet 1917 (Hurtebise).

88 — COTILLON PAUL, de Bouillé-Loretz, médecin auxiliaire du 6e génie, a été attaché au 12e corps. Nommé aide-major au 278e d'infanterie et au 61e chasseurs à pied.

Médecin très dévoué ; pendant les journées du 15 au 18 juillet, s'est dépensé sans compter pour prodiguer ses

soins aux blessés du Bataillon en tous lieux et dans des conditions les plus difficiles et les plus pénibles.

A l'ordre du 14° groupe de Chasseurs à pied :

« Au cours des attaques du 22 au 24 octobre 1918, suivant les compagnies de première ligne, a assuré la relève
des blessés dans les circonstances les plus délicates.

89 — COUDRAIS Henri, mobilisé au 160° d'infanterie, a fait
les campagnes de Belgique, Artois, Champagne,
Verdun, Somme. Blessé en mai 1915 à Neuville-
Saint-Wast de 9 éclats d'obus.

« Décoré de la croix de guerre avec étoile, au Chemin des
Dames, avec la citation suivante : « Au front depuis
6 mois, s'y est distingué par son courage et son dévouement. S'est offert plusieurs fois pour réparer les lignes sous
de violents bombardements. »

90 — COURAULT Eugène, de Saumur, mobilisé au 70°
d'infanterie territoriale, passé à la sous-intendance
de Tours.

91 — COURJARET Benjamin, de Louresse.

Mobilisé à la date du 3 août 1914 au 77° régiment d'infanterie en qualité de caporal, a servi successivement aux
77° régiment d'infanterie, 20°, 3° et 19° train (Service auto),
a fait les campagnes d'Arras, Verdun, Italie, Château-
Thierry, Soissons, etc... a été nommé au grade de sergent-
fourrier le 25 août 1914, a été cité à l'ordre de la 18° division.

« Courjaret Benjamin, sergent-fourrier au 77° d'infanterie, agent de liaison près du chef de bataillon, a exécuté
des missions les 5 et 6 mai 1916. Sans être arrêté ni retardé
par le violent bombardement s'est mis dans le rang de
la section voisine pour faire le coup de feu au moment des
attaques. »

A été décoré de la Croix de guerre et de la décoration
d'Italie.

92 — COURTIN Charles, de Saumur, sergent au 66° d'infanterie, blessé et retourné au front au 3° zouaves *bis*,
a été de nouveau grièvement blessé, en août 1916,
dans la Somme, et amputé du pied droit.

93 — COURTIN Pierre, de Saumur, versé dans l'artillerie
lourde, parti aux Dardanelles, a été évacué en France
pour maladie, a été au 30° d'artillerie, puis au 205°
d'artillerie.

94 — COUTARD JULES, de Saumur, nommé brigadier, puis maréchal des logis au 5ᵉ cuirassiers, colombophile, deux citations à l'ordre du régiment et de la division.

95 — COUTARD MARCEL, de Saumur, du 1ᵉʳ génie, a fait partie du corps expéditionnaire des Dardanelles, détaché à Salonique.

96 — COUTARD ROBERT, de Saumur, cycliste, artillerie de la Division du Maroc, cité à l'ordre du régiment et 2 fois à l'ordre de la division.

> Le chef d'escadron, S..., cite à l'ordre de l'artillerie de la division du Maroc : « Coutard Robert (2ᵉ canonnier servant de l'A. D. M. : cycliste de l'E. M. de l'A. D. M., depuis 20 mois, durant les actions où l'A. D. M. a été engagée, depuis lors et plus particulièrement pendant les batailles de la Somme, a rempli les missions les plus délicates avec zèle, dévouement et intelligence, faisant montre dans toutes les circonstances périlleuses d'un courage calme et tranquille du plus bel exemple.

97 — COUTAUD ÉTIENNE, de Mouliherne, médecin auxiliaire au 6ᵉ génie, blessé très grièvement de cinq balles le 5 octobre 1914, cité à l'ordre de l'armée pour sa belle conduite et son dévouement.

98 — COUTAUD PIERRE, de Mouliherne, médecin auxiliaire attaché à l'artillerie de la 9ᵉ division de cavalerie. A été cité à l'ordre du jour.

> « Médecin auxiliaire d'un grand dévouement et d'une grande bravoure. S'est fait remarquer en particulier le 9 septembre 1914, où, détaché auprès du groupe cycliste, il est resté dans le village avec les derniers éléments qui en assuraient la défense et ne s'est retiré que sur l'ordre du capitaine, et le 10 juin 1915, où il a soigné sous le feu, les blessés d'une batterie qui venait d'être épuisée. »

99 — COUTELET JOSEPH, d'Artannes, du 20ᵉ d'artillerie, passé au 109ᵉ d'artillerie lourde.

100 — DAVEAU MARCEL, de Saumur, téléphoniste au 266ᵉ d'infanterie, est passé au 277ᵉ, nommé caporal, puis sergent devant Verdun.

101 — DAVIAU Albéric, de Paris, engagé au 22e d'artillerie lourde.

102 — DAVIAU Gustave, de Paris, 33e d'artillerie, enseveli par un obus, s'est tiré sain et sauf. Nommé aspirant. Passe au 13e d'artillerie.

103 — DAVID Kléber, de Beaumont-en-Véron, au 20e d'artillerie.

104 — DÉCARD Roger, de Saumur, parti sergent-major au 6e génie, blessé, versé au L. Q. P. n° 301.

105 — DECHEZELLE Henri, de Saumur, infirmier régimentaire au 114e d'infanterie, cité pour son beau dévouement dans les soins apportés aux blessés, cité une troisième fois à l'ordre du jour. Affecté médecin auxiliaire au 49e d'artillerie, au 66e d'infanterie.

106 — DECHEZELLE Jean, de Saumur, engagé volontaire au 33e d'artillerie, deux fois cité à l'ordre du jour, nommé brigadier au 60e d'artillerie, passé au 178e d'artillerie.

107 — DEGAILLE Pierre, de Tours, versé au 32e d'infanterie et affecté au 66e. Blessé à Sailly-Saillisel, deux citations.

« Agent de liaison d'un sang-froid et d'une bravoure remarquables, a été blessé grièvement en allant porter un ordre qu'a fait transmettre par un camarade. »

108 — DELAGE Maurice, de Saumur, au 2e cuirassiers.

109 — DELANDE DE BAGNEUX, de Bagneux, maréchal des logis-chef au 7e hussards.

110 — DELANOUE Henri, de la Chapelle-sur-Loire, pharmacien aide-major.

111 — DEMONT Christian, de Saumur, d'abord matelot de 3e classe, a été promu enseigne de 1re classe et a commandé en Lorraine une pièce de marine. Blessé en juin 1915, cité à l'ordre de sa division pour son sang-froid, et cité de nouveau en septembre 1916. 6e bat-

terie du 1ᵉʳ régiment de cannonniers marins. C'est à lui que fut remis par le Président de la République, le 15 février 1918, le drapeau du régiment. Nommé lieutenant de vaisseau.

Citation à l'ordre de la 2ᵉ division de cavalerie de l'enseigne de vaisseau Demont de la 6ᵉ batterie du 1ᵉʳ régiment de canonniers-marins.

« Sous le coup d'une forte commotion et blessé lors d'un accident grave survenu à sa pièce, n'a eu d'autres soucis que d'assurer la sortie de ses hommes hors des abris, et des soins à donner aux blessés. »

112 — DEROUINEAU BENJAMIN, de Méron, 4ᵉ génie.

113 — DESCHAMPS HENRI, de Saumur, mobilisé au 79ᵉ d'infanterie, interprète auprès de l'armée anglaise, brigadier.

114 — DESNOUES LOUIS, de Parçay, mobilisé le 1ᵉʳ août 1914 au 70ᵉ d'infanterie territoriale.

115 — DESNOUES LOUIS, de Parçay, 17ᵉ d'artillerie, élève-aspirant.

116 — DESVAUX GEORGES, docteur à Angers, médecin-major au 71ᵉ d'infanterie, puis à Saint-Maixent, puis à l'hôpital de la Providence à Rennes.

117 — DEVERGNE JOSEPH, de Savigny (Vienne), 1ᵉʳ régiment d'artillerie, nommé brigadier, puis maréchal des logis.

118 — DÉZÉ JEAN, de Brézé, sergent au 68ᵉ d'infanterie. Décoré de la médaille militaire.

119 — DILLAY PROSPER, du Puy-Notre-Dame, brancardier au 114ᵉ d'infanterie.

120 — DIXMIER ALBERT, d'Épieds, du 32ᵉ d'infanterie, blessé en août 1914, dans la forêt de Champenoux. Nommé caporal.

Bon soldat, ayant toujours accompli son devoir, a été blessé trois fois.

121 — DOUESNEL PIERRE, engagé volontaire, à 18 ans, le 1er août 1917, au 178e d'artillerie de tranchée.

122 — DOUSSAIN ÉLIE, de Doué, officier d'administration de 3e classe, a été élevé à la 2e classe en décembre 1914 et nommé officier gestionnaire à l'ambulance 1/59.

« Aux armées depuis le début de la campagne, a pris part avec le G. B. C. 52 à toutes les opérations de l'Oise, de la Somme, des monts des Flandres, de la Belgique, dans des conditions toujours difficiles et souvent dangereuses, de mars à octobre 1918, faisant toujours preuve de beaucoup de conscience et du plus grand dévouement, a exercé ses fonctions d'officier d'État civil du champ de bataille sur des terrains à peine abandonnés par l'ennemi et toujours menacés. » Croix de guerre.

123 — DOUSSAIN RENÉ, de Doué, incorporé au 167e d'infanterie, a permuté au groupe des brancardiers divisionnaires de la 73e division, puis au 367e d'infanterie, musicien C. H. R.

« Brancardier très courageux, s'est particulièrement distingué et dévoué en transportant des blessés sous un feu violent, le 1er juin 1918. Blessé à son poste ».

124 — DOUSSARD ALBERT, de Vernantes, est affecté comme téléphoniste à la C. H. R. du 135e d'infanterie.

125 — DROUARD LUCIEN, de Bizay, mobilisé le 2 août 1914 au 32e régiment d'infanterie, a servi successivement aux 2e zouaves, 8e régiment d'artillerie lourde, 22e régiment d'artillerie lourde, nommé caporal le 17 septembre 1914.

Blessures le 25 août 1914 à Herbevillers. (bataille du Grand-Couronné); le 31 octobre 1916 à Langemark (bataille de l'Yser); le 16 juin 1916 au fort de Vaux (bataille de Verdun); le 16 avril 1917 au Godat (bataille de l'Aisne). Versé dans l'artillerie par suite de changement d'arme rendu nécessaire pour cause de blessure.

Cité à l'ordre du régiment, no 641 le 12 juin 1917 : « Brave et dévoué, a servi sa pièce de façon parfaite sous un feu violent de mitrailleuses ennemies, et en a obtenu un bon rendement. A été blessé. »

Ordre du régiment, n° 802, 17 août 1918 : « Caporal mitrailleur d'une belle attitude au feu. A été blessé grièvement le 16 avril 1917 au Golat en s'élançant crânement à l'assaut des positions ennemies. »

126 — DUBILLOT Alphonse, mobilisé au 32ᵉ d'infanterie, réformé en novembre 1914.

127 — DUBOIS Maurice, de Saint-Patrice (Indre-et-Loire), mobilisé au 8ᵉ cuirassiers, maréchal des logis fourrier, mitrailleur, nommé sous-lieutenant et cité.

128 — DUBOIS Robert, de Saint-Patrice (Indre-et-Loire), conducteur aux convois automobiles.

129 — DURAND Robert, de Montreuil-Bellay, versé à la 9ᵉ section d'infirmiers, à la 62ᵉ division d'infanterie, au 95ᵉ régiment d'infanterie, aviateur observateur à l'escadrille Voisin 133, nommé aspirant le 1ᵉʳ octobre 1917, cité.

« Observateur d'une conscience et d'une énergie remarquables. A exécuté 17 bombardements de nuit, la plupart dans des conditions particulièrement difficiles. A effectué avec un plein succès, dans la nuit du 18 octobre 1918, le bombardement d'une gare importante, atteignant un train avec plusieurs de ses bombes ».

Blessé en service commandé dans la nuit du 3 au 4 septembre 1918, au cours d'un bombardement. L'avion atteint dans ses parties essentielles par des projectiles ennemis vint s'écraser près de Saint-Just en Chaussée avec ses 300 kilos de bombes.

Sergent-major Bailly pilote, projeté, est grièvement blessé à la tête et à l'épaule droite. Fracture de la clavicule.

Aspirant Durand observateur bombardier, est atteint par les débris de l'appareil. Plaies multiples à la main et au poignet droit, au menton. Écrasement de la cage thoracique.

130 — DUVEAU Alexandre, père, de Varrains, mobilisé le 16 décembre 1914, versé au 24ᵉ régiment d'infanterie territoriale, puis au 66ᵉ R. I.

131 — DUVEAU Alexandre, fils, de Varrains, incorporé au 32ᵉ d'infanterie, versé au 366ᵉ; nommé caporal, fait

prisonnier en juillet 1918, s'évade, est blessé, décoré de la médaille militaire et de la croix de guerre avec palme.

132 — DUVEAU-CHASLE Louis, de Varrains, maréchal des logis au 49ᵉ d'artillerie de campagne.

133 — EGRETTEAU Louis, d'Antoigné, brancardier, 1ʳᵉ compagnie de mitrailleurs, 277ᵉ d'infanterie.

134 — ERNOULT Ferdinand, de Turquant, 7ᵉ génie, a été blessé grièvement.

135 — D'ESPINAY Jean, de Marçay (Indre-et-Loire), au 3ᵉ dragons.

136 — DE L'ESTRADE Emmeran, lieutenant à bord d'un dirigeable.

137 — FARDEAU Ernest, de Langeais, au 66ᵉ d'infanterie, dépôt des P. G., Tours.

138 — FARÉ Albert, de Saumur, 82ᵉ d'infanterie. Blessé en septembre 1914, versé au 156ᵉ (20ᵉ corps), nommé caporal, a été blessé une deuxième fois et, de retour au front, cité à l'ordre du jour, brigadier au 33ᵉ d'artillerie.

139 — FAVREAU Denis, des Verchers, mobilisé à la date du 3 août 1914, passe successivement au 3ᵉ régiment d'artillerie lourde, au 111ᵉ d'artillerie lourde, au 51ᵉ régiment d'artillerie lourde, au 109ᵉ régiment d'artillerie, au 107ᵉ régiment d'artillerie lourde, au 162ᵉ régiment d'artillerie coloniale. Campagnes d'Artois, de Champagne en 1915, d'Orient 1916-1917. Blessé le 15 août sur les bords de la Vesle. Cité à l'ordre du Régiment.

Brancardier dévoué, a été blessé en se portant au secours de ses camarades. Croix de guerre.

140 — FERRAND Paul, de Saumur, sergent infirmier.

141 — FILMON Marcel, de Brain-sur-Allonnes, 26ᵉ dragons, versé au 5ᵉ cuirassiers à pied.

142 — FLONNEAU Julien, de Saumur, brigadier au 5e cuirassiers, nommé maréchal des logis, a été versé au 266e d'infanterie

143 — FOUET Élie, de Saint-Cyr, mobilisé au 77e d'infanterie.

144 — FOURNEAU Jules, de Saint-Cyr, au 72e territorial.

145 — FRACHON Gaston, de Saumur, a été mobilisé comme infirmier et affecté à l'hôpital mixte, à Saumur.

146 — DE FRANCE Robert, de Saumur, sous-lieutenant au 290e d'infanterie, nommé au 96e d'infanterie. Cité.

147 — GAIGNARD Maurice, de Souzay, fusilier mitrailleur à bord du patrouilleur « Marguerite ».

148 — GANDAR Jean, de Saumur, engagé volontaire au 26e d'artillerie, nommé aspirant d'artillerie, a été affecté au 33e. Promu sous-lieutenant. A eu la jambe brisée. Cité à l'ordre du régiment.

> « Jeune officier très brave et très dévoué. A montré dans toutes les circonstances de guerre où il a été employé beaucoup de calme, de bravoure et de zèle. Intelligent, s'est notamment distingué comme observateur dans les tranchées de 1re ligne à Craonne, en mai et juin 1917, et sur la Marne en juillet 1918, où il s'est acquitté avec beaucoup d'audace et de savoir-faire de reconnaissances périlleuses et délicates. (5 février 1919).

149 — GASNAULT Auguste, de Saumur, aide-vétérinaire au 33e d'artillerie, détaché au 1er colonial, puis brigadier infirmier vétérinaire au 26e d'artillerie.

150 — GAUCHAIS Armand, de Dampierre, versé à la 23e compagnie du 290e d'infanterie, les 6 et 7 mai, cité à l'ordre du jour à la cote 304, blessé le 19 mai 1916, versé à la cote 304 encore, dans le service automobile.

151 — GAURON Arnaud, de Saint-Nicolas-de-Bourgueil, versé au 90e d'infanterie, a été blessé.

152 — GAUTHIER Edmond, de Saumur, caporal au 52e territorial.

153 — GAUTIER ADRIEN, de Bagneux, mobilisé à la 5e compagnie de remonte, est affecté au 2e groupe d'aviation à Bron (Rhône).

154 — GAUTIER LOUIS, de Bagneux, au 33e d'artillerie, maréchal des logis, cité plusieurs fois, croix de guerre.

155 — GAUTIER VICTOR, de Fontevrault, 9e section d'infirmiers à l'ambulance 241.

156 — GILBERT JOSEPH, de Saumur, a été médecin à l'hôpital auxiliaire 105, à Saumur.

157 — GILBERT LOUIS, de Varrains, 290e d'infanterie, 9e bataillon, caporal au 268e, cité en novembre 1918 :

« Excellent caporal, a dû prendre le commandement de sa section dans des circonstances difficiles, et par son autorité a assuré la poursuite du combat, modèle d'abnégation et de bravoure.

158 — GILLON ANDRÉ, du Lude, incorporé au 36e d'infanterie. Blessé et revenu au front, a été de nouveau atteint dans la Somme. Cité, croix de guerre août 1917, blessé une 3e fois le 22 mars 1918 dans la Somme. Cité à l'ordre de la brigade. Caporal, 3e compagnie de mitrailleuses, 76e d'infanterie.

Le caporal Gillon André, classe 1915 3 CM. Ordre du régiment n° 1 : « Très bon caporal. Au front, depuis juillet 1915. A pris part à tous les combats que le régiment a faits. Blessé 2 fois. » (4 août 1917).

Gillon André, m. 7633, caporal à la 3e CM. du 76e régiment d'infa terie : O tre de la brigade n.° 60 « Caporal chef de pièce renommée pour son sang-froid. A soutenu d'un feu continu l'action de la compagnie d'infanterie à laquelle il était rattaché et fut bles gravement à la cuisse alors qu'il ravitaillait lui-même ses pièces. » (6 avril 1918)

159 — GIRARD ANDRÉ, de Saint-Florent, automobiliste, d'abord attaché au service de santé à Tours, a été versé au camp retranché de Paris.

160 — GIRARD JULES, de Bouillé-Loretz (D.-S.), au 72e régiment territorial.

161 — GIRARD Raoul, de Saumur, mobilisé au 6º génie. Envoyé à l'armée d'Orient.

162 — GIRAULT Gaston, d'Oiron (D.-S.), incorporé au 68e d'infanterie, passe au 131e. Nommé caporal, puis sergent; élève-aspirant à Saint-Maixent, sous-lieutenant le 1er mai 1919, fait prisonnier à Jaulgonne (Marne), le 15 juillet 1918.

163 — GIRAULT René, de Saint-Florent, 32e d'artillerie, maréchal des logis, évacué pour maladie à la suite d'intoxication par les gaz, réformé.

164 — GODÉCHOUX René, de Ciran (Indre-et-Loire), a dirigé à Amiens le service d'ophtalmologie à l'hôpital temporaire nº 9, nommé à Beauvais, aide-major de 2e classe le 18 novembre 1918.

165 — GODET Paul, de Saumur, sous-lieutenant au 150e d'inf. Blessé et fait prisonnier à Xivry-Circourt, s'est évadé, nommé lieutenant-instructeur au centre des E. A., à Joinville. Capitaine le 6 juillet 1917. Affecté au 155e d'infanterie, 2 fois cité à l'ordre du jour.

> Ordre de l'Infanterie divisionnaire 165, nº 30, du 1er septembre 1917 : « Officier de sang-froid. A parfaitement dirigé sa compagnie, lors des opérations du 26 août 1917. »
> Ordre de la 165e division d'infanterie, nº 226, du 19 octobre 1918 : « Capitaine adjoint au chef de corps. A fourni une somme de travail considérable, en toutes circonstances, de jour et de nuit, pendant des périodes très dures d'organisation de secteurs nouveaux où tout était à créer, comme au cours des dernières attaques auxquelles le régiment a pris part. Officier de carrière très méritant, intelligent et travailleur. »

166 — GODRIE Prosper, de Saumur, Croix-Verte, d'abord brancardier, évacué pour maladie. Nommé sergent infirmier, affecté aux trains sanitaires. Pharmacien auxiliaire, a été envoyé au camp du Ruchard, à l'hôpital mixte, au Sud-Algérien, puis rappelé dans la Somme.

167 — GOISNARD Aristide, de Benais, maréchal des logis au 118e d'artillerie lourde.

168 — GONDOIN Henri, de Saint-Cyr, au 277e d'infanterie.

169 — GOUBIN Gabriel, de Vihiers, versé au 6e génie.

170 — GOUBIN Joseph, de Vihiers, 6e génie, puis 281e d'artillerie coloniale, cité à l'ordre du jour du 9e corps d'armée, après les batailles de l'Artois des 11 et 12 mai 1915.

> « Pendant l'action du 10 mai, s'est porté dans la tranchée au secours de ses camarades blessés. A assuré son service sans arrêt, transportant sapeurs et fantassins au milieu du bombardement le plus violent, donnant ainsi le meilleur exemple de calme et de dévouement. »

171 — GOUBIN Raymond, de Saumur, 33e d'artillerie, passe au 149e d'artillerie à Salonique.

172 — GOUIN Georges, de Saumur, maréchal des logis au 49e d'artillerie.

173 — GOUIN Roger, de Saint-Florent, au 225e d'artillerie, brigadier, a fait les campagnes de l'Aisne, d'Alsace en 1917, de Montdidier et Saint-Quentin en 1918.

174 — GOUPIL Edmond, du Vaudelnay, incorporé au 125e d'infanterie, a été versé au 49e d'artillerie, nommé maréchal des logis, versé au 269e d'artillerie, cité.

> « Excellent sous-officier, énergique, courageux et plein d'initiative, qui, détaché près du chef de bataillon de 1re ligne, s'est courageusement porté en avant sous un violent bombardement pour assurer la mission qui lui avait été confiée. »

175 — GOURDON Léon, de Cersay (D.-S.), mobilisé au 25e dragons. Fait la campagne d'Italie, brigadier.

176 — GOUZÉ Eugène-Charles, de Paris, capitaine du génie, a été décoré de la Légion d'honneur et de la croix de guerre, 2 blessures.

> Capitaine du génie, adjoint à une commission de gare régulatrice :
> « Officier très dévoué, remplissant ses fonctions avec beaucoup de zèle et de dévouement, s'est fait apprécier dans toutes les fonctions qu'il a remplies par son sang-froid et

sa mâle énergie. A su assurer dans des conditions très péri-
leuses sous un bombardement intense, l'évacuation complète et sans panique de la gare du front qui lui avait été
confiée. A donné à ses subordonnés l'exemple de la bravoure
et du dévouement à tel point qu'entraînés par leur chef
ceux-ci ont mérité, par leur belle tenue sous le feu, une
citation à l'ordre. » Novembre 1915.

177 — DE GRANDMAISON ANTOINE, de Saint-Léger-de-
Montbrillais, engagé à Périgueux dans les postes
civiles comme courrier automobile.

178 — GROILLEAU LAURENT, de Vernantes, blessé en septembre 1914, est affecté à la radio-télégr. au 135e
d'infanterie, cité.

> Peu soucieux du danger, ne connaissant que son devoir,
> s'est brillamment conduit au cours de l'attaque du 23 juil-
> let 1918, en restant à l'écoute T. P. S. sous le feu de l'artil-
> lerie ennemie. Déjà blessé le 1er septembre 1914. A été décoré
> de la croix de guerre.

179 — GUÉRINEAU MAURICE, de Saumur, mobilisé au
9e escadron du train, nommé brigadier au 33e d'artil-
lerie, puis maréchal des logis-fourrier au 20e d'artillerie.
Passé au 206e d'artillerie. A fait les campagnes de
Marne, Belgique, Somme, Verdun, Alsace, Champagne,
Argonne, cité à l'ordre du régiment.

180 — GUÉRINEAU PAUL, de Saumur, 66e d'infanterie,
passé dans les sapeurs radio 8e génie.

181 — GUÉRINET PIERRE, de Saumur, maréchal des logis
fourrier, affecté aux tracteurs automobiles pour artillerie lourde.

182 — GUÉRY AUGUSTIN, lieutenant-colonel au génie.

183 — GUIBERT MARCEL, de Saint-Lambert-des-Levées,
a servi aux 5e et 9e cuirassiers, cité à l'ordre du régiment.

> « Excellent téléphoniste ; dans la matinée du 4 avril 1918,
> a réparé à plusieurs reprises une ligne téléphonique sous
> un violent bombardement, faisant preuve du plus grand
> mépris du danger
> A été décoré de la croix de guerre (étoile bronze).

184 — GUICHARD Eugène, de Varrains, soldat au 66e d'infanterie, brancardier au 53e d'infanterie, blessé en mai 1915, à la bataille de l'Yser, et cité à l'ordre de l'armée pour son dévouement et son abnégation. Prisonnier rapatrié.

> « S'est proposé comme volontaire pour aller chercher en avant des lignes, dans un terrain battu par l'artillerie ennemie, un adjudant et un homme grièvement blessés. A été gravement blessé par un obus au cours de sa périlleuse mission. »
> A été décoré de la Croix de guerre avec palme.

185 — GUICHARD Joseph, de Bron, caporal mitrailleur au 68e territorial, a été grièvement blessé le 16 juillet 1916, à Fauconcourt.

186 — GUICHARD Léopold, de Varrains, au 66e d'infanterie.

187 — GUILLEMET Henri, d'Ambillou, sapeur-conducteur, 10e génie. A fait les campagnes de la Somme (1916), de l'Aisne (1917), de l'Aisne et de Belgique (1918).

188 — GUITTON Henri, de Saumur, bureau du 33e d'artillerie.

189 — GUYARD Charles, du Puy-Notre-Dame, parti avec le 32e d'infanterie, nommé sergent-fourrier et évacué pour blessures, affecté au 66e d'infanterie, retourné au front, nommé adjudant, aviateur pilote.

190 — GUYARD Jean-Baptiste, du Puy-Notre-Dame, maréchal des logis-fourrier, 5e cuirassiers, cité.

> « Agent de liaison auprès du chef de bataillon. A rempli sa mission avec un sang-froid absolu et un complet mépris du danger, notamment aux affaires de juin où il a fait preuve de la plus belle tenue au feu. »

191 — GUYON Charles, de Baugé-les-Verchers, 9e section. Hôpital temporaire 9, Parthenay, caporal.

192 — HACAULT Georges, de Montreuil-Bellay, parti comme lieutenant d'artillerie. Chargé d'organiser la partie électrique à l'usine de munitions de Saint-Pierre-des-Corps. Passé capitaine, a été nommé sous-directeur de l'usine en mai 1917.

193 — HACAULT Raoul, de Montreuil-Bellay, maréchal des
logis, convois automobiles, section T. M. 364.

194 — HARRAULT Adolphe, d'Allonnes, d'abord au 135e
d'infanterie, versé au 217e. Grièvement blessé en août
1915, dans la forêt de Parroy, évacué sur l'hôpital 102,
à Lunéville, où il a subi l'opération du trépan. A reçu
à Besançon la médaille militaire et la croix de guerre.

> « Brave et dévoué soldat. Très grièvement blessé le 11
> août 1915 en faisant courageusement son devoir. Infirme. »

195 — HARRAULT Fernand, de Villebernier, au 4e zouaves.

196 — HÉTREAU Élie, de Saumur, sous-chef artificier au
220e d'artillerie. Blessé à la tête le 13 février 1917.

197 — HOUDAYER Théodore, de Saint-Lambert-des-Levées,
caporal au 66e d'infanterie et au 6e génie, sergent le
1er juillet 1918, cité à l'ordre du régiment.

> Le colonel commandant le génie du 9e C. A. cite à l'ordre
> du commandement du Génie les militaires dont les noms
> suivent :
> Houdayer, caporal détaché à la Cie 9/21 : « Préposé au
> chargement du matériel au dépôt du génie de Dombasle,
> a par son sang-froid et son énergie, les 7 et 8 mai 1916, assu-
> ré la régularité des ravitaillements, malgré un bombar-
> dement très violent et précis du dépôt. »

198 — HUBERT Germain, de Saumur, Croix-Verte, parti au
90e d'infanterie, comme sergent, blessé. Passe dans
l'aviation, a eu la face gelée en aéroplane. 2 blessures,
cité.

> Cité à l'ordre de la division des patrouilles de Gascogne
> avec le motif suivant :
> « Le chef de division des patrouilles de Gascogne adresse
> au sergent pilote Hubert de l'escadrille V. 482 et à son obser-
> vateur le témoignage de sa satisfaction pour l'allant et
> l'habileté dont ils ont fait preuve le 25 juin 1917 en atta-
> quant un sous-marin ennemi en plongée et remplissant
> ensuite avec intelligence une mission dans des conditions
> atmosphériques difficiles. »

199 — HUET Gustave, de Montreuil-Bellay, maréchal des
logis, 7e d'artillerie lourde.

200 — HULIN Raphael, de Saint-Varent, 114e d'infanterie,
prisonnier en octobre 1916.

201 — IMBERT André, de Saumur, brigadier au 25e dragons,
maréchal des logis, aspirant au 6e chasseurs alpins,
nommé sous-lieutenant. 4 citations.

> Ordre du Corp d Armé :
> « Chef de section énergique, a entraîné ses hommes à
> l'attaque du 12 juillet avec calme et sang-froid, faisant
> preuve d'un grand courage, a pris le commandement de
> sa compagnie à un moment difficile, a atteint l'objectif
> final malgré une résistance acharnée de l'adversaire. »
> Ordre de la Division :
> Le sous-lieutenant Imbert André-Alexandre, du 6e ba-
> taillon de chasseurs alpins : « Officier très calme et coura-
> geux; a enlevé brillamment son peloton à l'attaque du
> 4 septembre, atteignant tous ses objectifs, malgré un feu
> violent de mitrailleuses et une résistance opiniâtre de
> l'ennemi, a contribué à capturer 2 mitrailleuses et 8 prison-
> niers. »
> A l'ordre du bataillon :
> « Jeune officier dont l'attitude froide et calme au moment
> du combat, produit sur ses chasseurs la meilleure influence,
> a conduit sa section d'une façon remarquable, malgré des
> circonstances très difficiles. A dû quitter le bataillon sous
> un bombardement à ypérite violent et prolongé.
> A l'ordre de l'Armée :
> « Jeune officier, allant, courageux, dans des circonstances
> difficiles n'a pas hésité à faire preuve de la plus téméraire
> bravoure, en s'exposant aux coups de l'ennemi, a vérita-
> blement électrisé ses chasseurs, qui se son portés à l'attaque
> avec un élan magnifique. » — Signé : Gal Mangin,
> 6 décembre 1918.

202 — IMBERT Maurice, de Saumur, au 135e d'infanterie,
élève aspirant à Saint-Cyr.

203 — IMBERT Maurice, de Poitiers, infirmier à Saintes.

204 — IMBERT Raoul, de Saumur, quartier-maître fusilier
marin, a pris part aux combats de l'Yser où il eut la
jambe brisée; versé dans l'aviation maritime. Citation
à l'armée, citation à la division.

205 — IMBERT Roger, de Saumur, maréchal des logis au
10e hussards, nommé au 1er tirailleurs, 4 fois cité.

« Le chef d'État-major de la 35e division d'infanterie, cite à l'ordre du régiment :

Imbert Roger, no mle 2168. Maréchal des Logis estafette de l'Escorte de la 35e D. I. : « Sur le front depuis le début de la campagne, a montré en Belgique, sur l'Aisne et dans la Somme de belles qualités d'énergie, d'entrain et de courage.

« S'est particulièrement distingué dans les journées du 16 avril, de 5, 6, 7 et 8 mai 1917 en assurant son service d'estafette de jour et de nuit avec un grand dévouement, et un complet mépris du danger dans une région violemment battue par l'artillerie ennemie. »

Le colonel Thouvenel commandant le 90e brigade d'infanterie d'Algérie, cite à l'ordre de la Brigade : « Imbert Roger, maréchal des logis no mle 2168 du 10e rég ment de Hussards, détaché au 1er rég ment de marche de Tirailleurs algériens.

« Adjoint du chef de bataillon a fait preuve d'un entrain et d'un allant remarquables en accomplissant à diverses reprises des missions périlleuses dans un terrain balayé par des feux de mitrailleuses. » Le 20 avril 1918.

Le général commandant la 45e division d'infanterie algérienne cite à l'ordre de la division Imbert Roger mle 2168 maréchal des logis au 1er régiment de marche de tirailleurs :

« Adjoint au chef de bataillon a secondé ce dernier avec beaucoup de dévouement pendant les attaques de mai 1918, assurant le ravitaillement en munitions et en vivres de la première ligne sous de violents bombardements. »

Le général commandant la 3e division coloniale cite à l'ordre de la division :

Imbert Roger, maréchal des logis au 1er tirailleurs, adjoint au chef de bataillon ; sous-officier d'un courage éprouvé, plein d'entrain, d'allant et de gaieté : « Au cours des combats de juillet 1918 a donné de nouvelles preuves de dévouement dans l'exécution de missions périlleuses exécutées dans un terrain battu incessamment par des feux violents d'artillerie et de mitrailleuses. »

206 — JAMAIN Albert, de Courchamps, maréchal des logis au 49e d'artillerie, promu sous-lieutenant, puis lieutenant, passe au 220e d'artillerie. 2 citations.

Jamain, officier téléphoniste à l'État-major du 3e groupe du 220e d'artillerie :

« Animé du plus haut sentiment du devoir et du courage le plus éprouvé n'a cessé, depuis le début de la campagne, de donner l'exemple du calme et du sang-froid. Le 5 novembre 1917 n'a pas hésité à se porter à une position de batterie violemment bombardée pour y remplir la mission dont il était chargé, sans souci du danger. »

« A assuré d'une manière parfaite la liaison du groupe pendant la période du 11 au 17 septembre 1918. S'est distingué, le 13 septembre, en précédant lé groupe dans une région avancée et violemment bombardée .(plateau de Laffaux) pour y installer le réseau téléphonique. »

Combats de Nomeny (20 août 1914), Verdun (mars-avril 1916), Verdun-Chambrettes (janvier-février 1917), Co illet (mai-juin-juillet 1917). Picardie (Grivesnes et Mailly-Renneval) avril 1918. Bataille d'entre Aisne et Oise (25 août au 3 septembre 1918) (région de Chavigny). Moulin de Laffaux (12 au 7 septembre 1918), combats sur la Serre (20 au 27 octobre 1918), sur la Souche (30 octobre au 4 novembre). Poursuite de l'ennemi de Laon à Rocroy (5 au 11 novembre 1918).

207 — JAMET ANSELME, de Saint-Nicolas-de-Bourgueil, incor-poré au 135e d'infanterie, blessé en mai 1916. Cité à l'ordre du jour. Versé au 90e. Blessé de nouveau, en novembre 1916, à Sailly-Saillisel. Nommé aspirant au 90e, sous-lieutenant, 90e d'infanterie, 3e C. M., cité à l'ordre du régiment :

S'est toujours signalé par sa bravoure et par le sentiment profond du devoir qui anime tous ses actes. A donné de nouveau pendant la journée du 7 mai 1916 de nombresuses preuves de courage et de mépris du danger. A été blessé en portant secours à ses camarades sous le feu de l'artillerie.

Diverses batailles :

Agny (Artois) septembre 1915; Loos (Artois) octobre 1915 anvier 1916; Souchez, mars 1916; Verdun, mai 1916; Champagne, juillet-août 1916; Somme, octobre-novembre 1916; Aisne, avril-mai-juin 1917; Aisne, août 1918. Poursuite, octobre-novembre 1918.

208 — JAMET GASTON, de Saint-Nicolas-de-Bourgueil, engagé au 109e d'artillerie lourde, téléphoniste.

209 — JAMIN LOUIS, de Doué, a fait la campagne de l'Artois avec le 123e d'infanterie, blessé devant Verdun le 7 mai 1916, deux fois cité, caporal au 20e d'infanterie.

210 — JAMIN RENÉ, de Doué, au 114e d'infanterie.

211 — JOLIVET ALEXANDRE, de Bouillé-Loretz, lieutenant, blessé et fait prisonnier, interné à Guterslho (Wesphalie).

212 — JOSSE René, de Saumur, mobilisé comme matelot mécanicien à bord du « Gallia ». Était sur ce navire

lorsqu'il fut torpillé. Resté trente-six heures sur un radeau, fut sauvé par un torpilleur envoyé en patrouille. Affecté à un bâtiment de la défense mobile de Salonique.

213 — JOUANNE Frédéric, de Saumur, parti avec le 2e dragons, nommé brigadier sur le front, passe au 14e dragons.

> Rozelieures (Lorraine) août 1914. Bataille de la Marne. Campagne de Belgique (Ypres, Roulers, Paschendaale) octobre 1914 Launois (Vosges) août 1915.

214 — JOUSSET Auguste, de Passavant, brancardier au 135e d'infanterie.

215 — JOUSSET Louis, de Concourson, cycliste du colonel du 135e d'infanterie, nommé caporal en septembre 1914, blessé à Prosnes en octobre, caporal-fourrier C H R, sergent-fourrier. Cité à l'ordre du régiment le 27 mars 1917. Batailles :

> 1914 : La Retraite de Belgique, la Marne; 1916, Verdun, la Somme; 1917, offensive d'avri , Lorraine; 19 8 Défensive d'Amiens, offensive française du 8 août à novembre. Montdidier, Ham, Saint-Quentin-Guise.

216 — JOUSSET Lucien, de Passavant, au 114e d'infanterie.

217 — JUBLIN Alphonse, caporal au 6e génie. Cité le 12 mars 1916. Grièvement blessé le 12 mai 1919.

> « Faisant partie d'une équipe chargée de faire une brèche dans un réseau de fil de fer d'un ouvrage permanent occupé par l'ennemi a travaillé avec calme et montré un réel mépris du danger pendant le cours de l'opération. »

218 — JULIOT Marcel, de Tours, du 79e d'infanterie, blessé à Ypres en décembre 1914. Instructeur au corps, a été mobilisé comme ingénieur aux usines Fives-Lille, à Givors, puis envoyé comme téléphoniste au 359e d'infanterie. Campagnes et citation.

> Le lieutenant-colonel Mellier, commandant le 359e régiment d'infanterie cite à l'ordre du 159e régiment le soldat téléphoniste Juliot Marcel : « Ayant fait preuve d'un grand courage et d'un entier dévouement a été blessé le 11 juin 1918 en se portant à l'attaque avec son bataillon. »

219 — LABBÉ JULIEN, de Cussay (Indre-et-Loire), sergent major artificier au 32ᵉ régiment d'infanterie, adjudant.

Campagnes :

Lorraine, Belgique, Artois, Verdun, Somme, Aisne, Oise.

« Le 18 avril 1918 et les 9, 10 et 11 juin 1918, a fait preuve du plus grand sang-froid en assurant le ravitaillement en munitions sur la ligne de feu, malgré les tirs violents de l'artillerie ennemie. Excellent sous-officier qui a fait preuve du plus grand dévouement et du plus absolu mépris du danger depuis le début de la guerre. »

220 — LACAULT ANDRÉ, d'Esves (Indre-et-Loire), caporal au 125ᵉ d'infanterie.

221 — LACROIX ALEXANDRE, de Bouillé-Loretz, maréchal des logis-fourrier, retiré du front pour maladie, affecté au 20ᵉ d'artillerie et détaché à la poudrerie de Migné-lès-Lourdines, près Poitiers.

222 — LACROIX GABRIEL, de Bouillé-Loretz, maréchal des logis au 33ᵉ d'artillerie, affecté à la 25ᵉ section de munitions d'artillerie, puis au 7ᵉ régiment d'artillerie à pied.

223 — LAFONTAINE HIPPOLYTE, de Varrains, 135ᵉ d'infanterie.

224 — LAPLANCHE JEAN, de Saumur, mobilisé comme infirmier dans un hôpital, sur sa demande affecté au 82ᵉ d'infanterie. Attaché infirmier au 4ᵉ zouaves. Embarqué en juin 1915 pour les Dardanelles, puis envoyé à Salonique, blessé près de Monastir et ramené en France. Deux fois cité. Médecin auxiliaire au 12ᵉ d'infanterie; fait prisonnier avec son poste de secours, le 11 juin 1918. Décoré de la médaille militaire.

« Laplanche Jean, zouave de 2ᵉ classe à la 5ᵉ compagnie du 1ᵉʳ régiment de Marche d'Afrique est allé chercher sous la fusillade et le bombardement bulgare le corps d'un sous-officier qui venait d'être tué. »

Déjà cité et titulaire de la Croix de guerre.

La médaille militaire a été conférée au médecin auxiliaire de réserve Laplanche Jean-Paul-Marie, mˡᵉ 3238, au

3e bataillon du 12e régiment d'infanterie, actuellement à la 9e section d'infirmiers militaires :

« Jeune médecin auxiliaire d'une crânerie superbe et d'un dévouement admirable. Le 11 juin 1918, dans Chevincourt encerclé, s'est dépensé sans compter auprès des blessés, malgré les rafales des mitrailleuses ennemies. Voyant la résistance faiblir en un point, a rallié les défenseur , ranimé leur courage et les a lancés dans une vigoureuse contre-attaque qui a rétabli la situation. 1 blessure, 2 citations. »

225 — LAPLANCHE Pierre, de Saumur, parti avec le 82e d'infanterie, a été blessé en septembre 1914. Repart avec le 156e (20e corps), comme caporal mitrailleur, nommé sergent, cité. Blessé à nouveau, le 4 juillet, à l'attaque de la Somme.

226 — LASNIER Fernand, de Restigné, brancardier aux 313e et 248e d'infanterie, cité à l'ordre du régiment.

227 — DE LASTIC Jean, de Lencloître, maréchal des logis au 33e d'artillerie, blessé et cité 2 fois.

228 — LATAPIE Jules, de Paris, au 65e d'infanterie, affecté au camp de prisonniers Roche-Maurice, par Nantes-Chantenay.

229 — LATRILHE Alexandre, de Fontevrault, médecin aide-major chef de service au 20e d'artillerie, 1er groupe, 17e division.

Excellents services de guerre ininterrompus depuis le début de la campagne . Cité à l'ordre du jour de la 17e division :

« A fait preuve à maintes reprises de dévouement et de courage, en allant jusqu'aux premières lignes donner des soins aux blessés. »

Combats de Lorraine (août), Mézières-Dinant-La Fère Champenoise-Sézanne-Chalons-Ypres-Carency-Mont Saint-Éloi.

230 — LE BARON Pierre, de Saumur, affecté au 20e régiment d'artillerie.

231 — LEBLANC Georges, de Saint-Florent, mobilisé au 66e d'infanterie et blessé, a été instructeur au dépôt. Nommé inspecteur auxiliaire, à l'État-major de la 3e armée.

232 — **LE BRECQ René**, député de Montargis, mobilisé comme lieutenant au 33e d'infanterie territoriale, commande une compagnie pendant 15 mois en Wœvre Bois de Mort-Mare; nommé à l'E. M. de la 1re brigade de chasseurs alpins, combat à l'Hartmannswillerkopf, puis sur la Somme en 1916; affecté à l'E. M. de la 60e division d'infanterie, prend part, en 1917, aux combats : d'Aubérive, mont Cornillet (Champagne), de Verdun, de l'Argonne; passe à l'E. M. du 21e corps en février 1918; trois fois cité : chevalier de la Légion d'honneur le 10 octobre 1917.

233 — **LEBRETON Lucien**, médecin aide-major 6e génie, a été blessé par une bombe d'avion, cité.

> « Atteint d'une plaie profonde au cours d'un bombardement par avion, n' consenti à se laisser panser qu'après avoir donné ses soins à deux autres militaires blessés pendant le même bombardement (30 mai 1917). A reçu la croix de la Fatigue de guerre d'Italie. »

234 — **LECLERC Marc**, de Saumur, capitaine au 71e territorial, cité à l'ordre du jour, nommé chevalier de la Légion d'honneur.

> « Son poste de commandement étant soumis à un bombardement intense, le 7 septembre, n'a pas hésité à sortir pour s'assurer que tous ses hommes étaient à l'abri; sérieusement contusionné par un obus qui avait éclaté à 2 mètres de lui, s'est porté au secours de deux de ses hommes légèrement atteints pour les faire panser, faisant ainsi acte de crânerie et d'un véritable souci de ses devoirs de commandant de compagnie. »

235 — **LECOMTE Alexis**, du Vaudelnay, nommé sergent au 125e d'infanterie, est passé aux chasseurs alpins.

236 — **LECOMTE Émile**, du Vaudelnay, sergent au 125e d'infanterie.

237 — **LECOMTE Louis**, de Nueil, au 8e cuirassiers.

238 — **LECUREUIL Henri**, de Port-Boulet (Indre-et-Loire), 9e section de C. O. A., puis 8e génie. Campagnes de l'Aisne et des Flandres.

239 — LEDROIT Pierre, de Neuillé, caporal au 48e d'infanterie.

240 — LAFAIVRE Clément, de Saumur, parti caporal-fourrier au 90e d'infanterie, nommé sergent-fourrier, fait prisonnier à Menin-Zillebecque, près Ypres, le 15 novembre 1914. Interné au camp de Parcy-Elbe, Saxe. Interprète.

> Combats en Lorraine annexée. Batailles de Charleroi, Fère Champenoise, Ypres.

241 — LEFEVRE Pierre, de Saumur, engagé volontaire au 82e d'artillerie, chauffeur, 29e d'artillerie de campagne.

242 — LELANDAIS Henry, de Bagneux, parti avec le 35e territorial, nommé caporal brancardier, puis brigadier au service automobile.

243 — LEMARIÉ Charles, de Saint-Mars-la-Brière (Sarthe), au 106e d'artillerie lourde.

244 — LÉONET Marcel, de Chinon, mobilisé comme médecin auxiliaire au 132e territorial. Félicité au rapport de la brigade, puis cité pour son dévouement et sa belle attitude; nommé aide-major et affecté au 3e d'artillerie coloniale.

> « Sur le front depuis le mois de novembre 1914, a constamment fait preuve du plus sérieux dévouement. Félicité au rapport de la brigade du 21 janvier 1915, pour son attitude courageuse pendant un bombardement.
> « A contribué à la recherche en avant des lignes, des cadavres de soldats français abandonnés depuis près d'un an et a procédé lui-même à leur identification. »

245 — LÉONET Roger, de Chinon, du 125e d'infanterie, blessé à Baconnes, en septembre 1914. Retourné au front en juin 1915, versé comme téléphoniste au 68e d'infanterie. Cité, nommé caporal.

> « Soldat, téléphoniste courageux et dévoué, chargé d'assurer le service d'un poste pendant les journées des 22 et 23 avril 1916, n'a pas hésité sous un bombardement d'une extrême violence, à porter lui-même un renseignement important, la ligne téléphonique ayant été coupée. »

246 — LEPS GUY, brigadier puis maréchal des logis au
19ᵉ dragons, sous-lieutenant au 154ᵉ d'infanterie, fait
prisonnier en 1915. Cité.

« Jeune officier très crâne au feu : a pris part comme
cavalier à la bataille de Mulhouse. Versé dans l'infanterie
sur sa demande, a brillamment conduit sa section aux
combats d'Argonne de mars à juillet 1915, 1 blessure. »

247 — LEPS JACQUES,

Engagé volontaire 9ᵉ hussards, octobre 1913. Parti
en campagne comme brigadier, sous-lieutenant le
17 avril 1915. Blessé grièvement à Beauséjour, juillet 1915. 1ʳᵉ citation à l'ordre de l'armée. Passé dans
l'aviation de chasse en octobre 1915. Lieutenant le
17 avril 1917. Capitaine le 19 août 1918. Commande
l'Escadrille Spa 81 (Les Lévriers). A abattu vingt appareils ennemis (douze officiels). Neuf citations à l'ordre
de l'Armée. Chevalier de la Légion d'honneur, 30
mars 1917. Croix de guerre (neuf palmes). Military
cross (décoration anglaise).

Le général commandant la 4ᵉ armée cite à l'ordre de
l'armée, 1ᵉʳ régiment de hussards :
Sous-lieutenant Leps Jacques : « A fait preuve en
toutes circonstances depuis le commencement de la campagne d'un entrain et d'une bravoure remarquée.
« Après avoir dirigé la nuit plusieurs patrouilles jusqu'aux
tranchées ennemies, a été grièvement blessé le 9 juillet 1915
à Beauséjour pendant que placé dans un entonnoir il
observait les travailleurs ennemis sur lesquels il dirigeait
le feu. »
Légion d'honneur (Chevalier) :
M. Leps Louis-Adrien-Jacques (active), sous-lieutenant
de cavalerie, pilote à l'escadrille N-81 :
« Jeune officier courageux et ardent. Déjà blessé et cité
à l'ordre s'est brillamment conduit le 16 mars 1917, abattant au cours d'un même vol deux avions ennemis dont l'un
est tombé dans nos lignes. »
Ordre général :
Sous-lieutenant Leps Adrien-Louis-Jacques, de l'escadrille N-81, :
« Pilote remarquable, le 30 avril 1917 a tenu tête à
2 avions de chasse ennemis dans leurs lignes. Atteint par
une balle au menton ayant son palonnier coupé par une
deuxième balle, est tombé désemparé et s'est redressé à

quelques mètres du sol. A préféré se poser sur des arbres entre les deux tranchées de première lignes plutôt que d'atterrir normalement chez l'ennemi. »

Le général commandant le groupe des armées du Centre cite à l'ordre de l'armée :

Leps Adrien-Louis-Jacques, sous-lieutenant de cavalerie à l'escadrille N-81 :

« Brillant officier, joint à ses hautes qualités militaires celles d'un pilote de chasse remarquable. A abattu le 27 juin 1917 un monoplace ennemi qui s'est brisé en l'air. »

Le général commandant la 2ᵉ armée cite à l'ordre de l'armée :

Le lieutenant de cavalerie Leps Adrien-Louis-Jacques pilote à l'escadrille N-81 (avion abattu) :

« Officier remarquable d'allant et d'énergie. Fait preuve chaque jour d'une superbe conception du devoir. A remporté sa 4ᵉ victoire en abattant le 20 août un avion ennemi qui s'est écrasé sur le Mort-Homme. »

Le général commandant la 2ᵉ armée, cite à l'ordre de l'armée : le lieutenant Leps Jacques-Adrien, du 1ᵉʳ régiment de hussards, pilote à l'escadrille Spa. 81 (G. C. 15).

« Brillant officier, habile pilote, joint à de superbes qualités d'enthousiasme et d'entrain celles d'un chasseur de premier ordre. A abattu le 10 décembre 1917, son 5ᵉ avion ennemi qui s'est écrasé dans nos lignes. »

Le général commandant en chef cite à l'ordre de l'armée : M. Leps, lieutenant au 1ᵉʳ hussards commandant l'escadrille Spa 81 :

« Officier pilote modèle d'énergie et de bravoure. Le 6 avril 1918 a abattu en flammes un avion allemand et le 15 mai a incendié un drachen (6ᵉ et 7ᵉ victoires) Deux blessures. Chevalier de la Légion d'honneur pour faits de guerre (6 citations).

Le général commandant en chef cite à l'ordre de l'armée : M. Leps Adrien-Louis-Jacques (active) lieutenant au 1ᵉʳ régiment de hussards, commandant l'escadrille Spa 81 :

« A la tête d'une escadrille merveilleusement entraînée par son exemple, continue à remporter de nombreux succès. A récemment abattu un appareil ennemi et incendié un drachen. Deux blessures, chevalier de la Légion d'honneur pour faits de guerre. Sept citations antérieures. »

Le général commandant en chef cite à l'ordre de l'armée : M. Leps Jacques-Adrien (active), lieutenant au 1ᵉʳ régiment de hussards, commandant l'escadrille Spa 81 :

« Commandant d'escadrille, officier d'élite et pilote de chasse hors pair. A abattu récemment deux drachens en flammes portant ainsi à 11 le nombre de ses victoires. Deux blessures. Chevalier de la Légion d'honneur pour faits de guerre. Huit citations. »

248 — LEPS JEAN. Engagé volontaire au 1er hussards en janvier 1916. Sorti avec le n° 1 du cours des Élèves aspirants de Saint-Cyr, en août 1916. Sous-lieutenant le 2 septembre 1917. Passé dans l'aviation en septembre 1918. 1 citation.

> « Jeune officier de cavalerie très allant. Détaché à l'État-major d'une infanterie divisionnaire pendant la période des combats des 23 et 25 octobre 1917, y a rendu d'excellents services en exécutant des reconnaissances vers les premières lignes. »

249 — LEROUX MAURICE, de Bagneux, versé au 135e d'infanterie, passe au 80e.

> « Excellent mitrailleur, modèle de courage tranquille, a toujours accompli son devoir, notamment pendant les combats des 1er et 2 septembre 1918. »

250 — LIBAULT ANDRÉ, de Saumur, reçu à Polytechnique, au 1er d'artillerie, aspirant. Cité à l'ordre du 239e d'artillerie de campagne.

> « Jeune brigadier actif et courageux Comme brigadier de tir a rendu pendant la difficile période du 3 au 20 octobre 1918, les services les plus appréciés, soit à la position même, soit à l'observatoire, partout au mépris du danger et de la fatigue. »

251 — LOISEAU VICTOR, de Saumur, mobilisé au 114e d'infanterie, versé au 1er groupe d'aviation.

252 — LORIN RAYMOND, de Tours, maréchal des logis, 45e d'artillerie.

253 — LORRAIN PAUL, de Saumur, engagé volontaire au 81e d'artillerie lourde, puis à la 9e section C. O. A., détaché à l'État-major.

254 — LUCAZEAU ALEXANDRE, du Vaudelnay, téléphoniste au 125e d'infanterie. Blessé d'un éclat d'obus à la tête le 25 août 1916, en Champagne, à Tahure. Cité à l'ordre du régiment.

> Artois-Verdun, Somme, offensive 1918 Somme.
> Motif de la citation :
> « Excellent soldat toujours volontaire pour les patrouilles et missions périlleuses.
> Gravement blessé à son poste de combat le 9 août 1916. »

255 — MAHIET Gabriel, de Thouars, caporal, passe au
1er zouaves. Blessé, cité à l'ordre du régiment.

256 — MAHOU Abel, de Noyant, au 135e.

257 — MAITREAU Achille, de Saint-Macaire-du-Bois, du
77e d'infanterie. A été blessé et cité 3 fois.

> « Le 30 juillet 1917, s'est porté en plein jour spontanément
> en traversant un violent tir de barrage dans la tranchée
> de première ligne occupée d'une façon incertaine; en a
> ramené un blessé grave. Brancardier d'élite. »
> « Pendant la période du 9 au 20 juin 1918, s'est dépensé
> avec un dévouement digne de tous les éloges pour relever
> nos blessés sous les balles de l'ennemi. »
> « Bon soldat brancardier. S'est distingué dans la période
> du 16 au 29 juillet 1918. N'a pas hésité à se porter en avant
> des lignes, le 18 juillet, pour ramener le corps d'un cama-
> rade. »
> Une fois blessé à la cote 304 le 5 mai 1916.

258 — MALÉCOT Emmanuel, de Ligré (Indre-et-Loire),
engagé volontaire le 19 décembre 1916 au 49e d'artillerie. Versé au 209e d'artillerie. Brigadier, aspirant,
proposé pour le grade de sous-lieutenant.

259 — MALÉCOT Léonce, de Ligré, mobilisé au 125e d'infanterie, nommé caporal en novembre 1914. Cité deux
fois.

> Ordre du régiment :
> « Brave et audacieux agent de liaison, s'est particuliè-
> rement distingué le 7 mai 1916 en transmettant des ordres
> sous un bombardement violent.
> Ordre de la division :
> « Caporal agent de liaison du colonel, montre en toutes
> circonstances une grande activité et un bravoure souriante
> Est allé chercher son officier renversé par un obus en avant
> de la tranchée, l'a ramené sous un bombardement violent
> et l'a soigné avec un grand dévouement. »

260 — MARCETTEAU Gaston, de Saumur, G. B. D., passe
au 366e d'infanterie, fait prisonnier en juillet 1918.

260bis — MARTIGNON Pierre, sous-lieutenant au 13e hussards.

261 — MARTIN Alphonse, de Saumur, parti sergent au
70e territorial, nommé adjudant mitrailleur, versé au

147ᵉ d'infanterie, blessé à Montzéville en mars 1916. Cité à Avocourt en août 1917, 3ᵉ fois à Vouziers en octobre 1918.

Citation à l'ordre du régiment, nᵒ 266 :

« Sous-officier énergique qui n'a cessé de se distinguer depuis le début de la campagne par sa belle manière de servir dans divers secteurs. Blessé à son poste de mitrailleur devant Verdun en mars 1916 est revenu au corps où il continue à faire preuve du plus grand dévouement. »

Citation à l'ordre du 2ᵉ corps d'armée, nᵒ 204 :

« Sous-officier d'une froide bravoure et d'un calme dignes d'éloges. Dans la journée du 2 octobre 1918, s'est élancé brillamment à la tête de sa section à l'assaut des positions ennemies, sous des rafales serrées d'artillerie et de mitrailleuses : a montré à tous un admirable mépris du danger : a été blessé au cours de l'action. »

262 — MARTIN Georges, de Saumur, versé au 82ᵉ d'infanterie, passe au 31ᵉ.

263 — MARTINEAU Georges, de Saumur, brigadier brancardier au 33ᵉ d'artillerie. Intoxiqué par les gaz.

264 — MARTINEAU Henri, de Bagneux, sergent-fourrier au 71ᵉ territorial, attaché aux travaux de défense, région de Verdun.

265 — MARTINEAU Marcel, de Saumur, affecté caporal téléphoniste au 335ᵉ d'infanterie, nommé sergent, a été grièvement blessé en janvier 1917, cité à l'ordre de la division. Blessé à nouveau en juin 1918 et cité à l'ordre du régiment.

« Sous-officier très énergique, a en maintes circonstances donné des preuves de son courage, plus particulièrement le 20 juin 1917 en réparant sous un bombardement intense une ligne téléphonique très importante. »

A l'ordre du 66ᵉ régiment d'infanterie, le 10 juin 1918 :

« Sous-officier d'une haute valeur; son chef de section ayant été blessé, a pris en plein combat, le 10 juin, le commandement de la section et l'a maintenue en ordre sous un bombardement particulièrement violent. »

Blessé le 20 janvier 1917 à Verdun (Chambrettes). Blessé le 13 juin 1918 dans l'Oise (Gournay). Blessé le 13 octobre 1918 à Verdun (Ferme d'Ormont).

266 — DE MASSACRÉ Charles, de Saumur, sous-lieutenant au 106ᵉ d'artillerie lourde, deux fois cité à l'ordre du jour pour sa belle attitude au feu. Promu lieutenant, cité de nouveau à l'ordre de la division le 5 septembre 1916. Nommé instructeur à l'École d'artillerie de Fontainebleau.

> « Dans les journées des 4, 5 et 6 octobre 1915, grâce à son sang-froid et à son ascendant sur son personnel, a su obtenir de ses hommes, sous un bombardement des plus violents de l'artillerie ennemie, trois jours et deux nuits de tir presque ininterrompu et très efficace. »
>
> « Chargé d'observer en 1ʳᵉ ligne, dans une zône fortement battue, le tir de nombreuses batteries lourdes, a rempli sa mission avec le plus grand dévouement et un plein succès; restant sous un bombardement presque ininterrompu pendant 48 heures à son poste, simple point d'observation dépourvu d'abri. »

267 — MASSE Jean, du Vaudelnay, 135ᵉ d'infanterie, blessé à Prosnes, septembre 1914. Parti à l'armée d'Orient.

268 — MASSE Gustave, du Vaudelnay, incorporé au 33ᵉ d'artillerie. Cité à l'ordre du jour de son régiment.

269 — MASURE Jean, de Saumur, maréchal des logis au 45ᵉ d'artillerie, a rempli les fonctions d'observateur en Argonne. Cité à l'ordre du jour. Sous-lieutenant au 233ᵉ d'artillerie.

270 — MASURE Lucien, de Saumur, parti avec le 45ᵉ d'artillerie, comme maréchal des logis. Blessé à Consenvoye, grièvement blessé aux Éparges. Cité à l'ordre de la division.

> Ordre du 9 mars 1915 :
> « Masure, maréchal des logis : blessé grièvement au combat de Guiry, en commandant sa pièce sous un feu violent de gros calibre, a rejoint sa batterie à peine guéri et solli-cité depuis la mission particulièrement exposée d'observateur à Pintheville où il montre autant de courage que d'intelligence. »

271 — MAUGIN Charles, de Saumur, engagé volontaire au 33ᵉ d'artillerie, a été versé au 309ᵉ d'artillerie lourde, en Italie, a reçu l'insigne des « fatigues de guerre » d'Italie.

272 — MAURICE Gabriel, de Tours, médecin à l'H. A. 2
et à l'H B. 115 *bis*, à Tours.

273 — MAURICE Gabriel, de Richelieu, engagé au 5e cuirassiers.

274 — MAZÉ Louis, de Bagneux, 135e d'infanterie, passé au
225e, nommé caporal, a été blessé le 23 juillet 1918,
près de Montdidier, a perdu l'œil droit, a été décoré de
la Médaille militaire. Citation :

 « Le 24 juillet 1918 a pris part à l'exécution d'un coup
de main sur un îlot de résistance ennemie.
 « Quoique blessé en franchissant les défenses accessoires,
a sauté un des premiers sur le poste à enlever, tuant un
Allemand qui résistait. »

276 — MERLE Albert, de Saumur, 66e d'infanterie, nommé
aspirant en octobre 1916 et envoyé au 66e, versé à
la 3e C. M. au 160e d'infanterie, nommé sous-lieutenant
et cité à l'ordre de la division.

 « Jeune chef de section plein d'entrain. Sans souci du
danger, s'est de sa propre initiative porté personnellement
en terrain découvert pour reconnaître les emplacements
de ses mitrailleuses, et a ainsi facilité la progression de son
bataillon. »

277 — MESNET Jean, de Saumur, élève aspirant au 5e cuirassiers, puis à l'École de cavalerie.

278 — MESSAGER, de Saint-Florent, incorporé au 125e
d'infanterie, batailles de l'Artois en 1915.

279 — MICHAUX Jean, de Saumur, brigadier au 1er régiment
de chasseurs, revenu d'Amérique le 8 septembre 1914,
affecté d'abord au ravitaillement d'artillerie, puis
au service de liaison de division. Cité.

280 — MILLON Armand, de Varrains, 59e compagnie d'aéros-
tiers.

281 — MILLON Clément, de Varrains, sergent au 70e territorial.

282 — MILLON Henri, de Varrains, maréchal des logis-chef,
9e escadron du train.

283 — MINGUET Gaston, de Saumur, Croix-Verte, aide-
major de 1ʳᵉ classe, nommé chef de service au 262ᵉ
d'infanterie, cité à l'ordre du jour.

> « A assuré dans d'excellentes conditions l'organisation
> de ses postes de secours, notamment à Sailly Saillisel et
> à Autrèches. A réussi, dans la retraite de Bapaume, à ra-
> mener jusqu'à l'hôpital d'Eu un important convoi de
> blessés. »
> A reçu la croix de guerre.

284 — MOLLAY Daniel, de Saint-Cyr, mobilisé au 125ᵉ
d'infanterie, passé au 83ᵉ d'artillerie, cité à l'ordre du
jour. Soigné à Amiens, a eu la cuisse brisée par l'éboulement d'un hangar. Versé au 49ᵉ d'artillerie, puis
au T. M. 1400, 12ᵉ section.

285 — MOLLAY Maurice, de Saint-Cyr, au 1ᵉʳ génie, passé
au 82ᵉ d'artillerie lourde.

286 — MOREAU Abel, de Saumur, caporal à la 9ᵉ section
d'infirmiers.

287 — MOREAU André, de Saumur, appelé au 90ᵉ d'infanterie, versé au 147ᵉ, disparu le 1ᵉʳ août 1917 à la cote
304, prisonnier.

288 — MOREAU Marcel, de Saumur, versé au 1ᵉʳ groupe
d'aviation.

289 — MOREAU Raymond, de Saumur, au 125ᵉ, a été versé
au 409ᵉ d'infanterie. Blessé à Lassigny.

290 — MORTIER François, de Bordeaux, affecté au 7ᵉ colonial, a fait les campagnes de l'Artois (mai-juin 1915)
et de Champagne (septembre-octobre 1915), a obtenu
une brillante citation à l'ordre de l'armée à ces derniers
combats, pour son endurance et son mépris du danger.
Nommé caporal-fourrier. En mars 1916, a été enseveli
par un éboulement.

291 — MORTIER Louis, de Libourne (Gironde), engagé
volontaire aux autos-mitrailleuses, sergent, service
des convoyeurs.

292 — MORTIER Raymond, de Saint-Gervais (Gironde), mobilisé au 140e territorial, et nommé caporal. Blessé, a eu le tympan perforé, est au Maroc.

293 — MORTIER René, de Fronsac (Gironde), est parti sergent au 5e génie.

294 — DE NEUVILLE Roger, de Saint-Florent, capitaine au 28e d'artillerie, grièvement blessé, cité à l'ordre du jour et décoré de la Légion d'honneur, nommé chef d'escadron.

> « N'a cessé depuis le commencement des opérations de faire preuve au feu de qualités remarquables de calme, de courage et de commandement. A été blessé grièvement à un poste de commandement très dangereux, où il avait tenu à rester malgré le feu permanent de l'ennemi. »
>
> A été décoré de la Légion d'honneur le 18 janvier 1916.
> « Excellent officier, brave et courageux, qui a fait preuve d'un sang-froid et d'une énergie digne des plus grands éloges. »

295 — NICOLAS Joseph, de Doué, incorporé au 32e d'infanterie, passé au 66e, puis au 409e, cité.

> « Soldat très courageux. Au cours des attaques des 26 septembre et 3 octobre 1918, s'est offert à plusieurs reprises pour assurer le ravitaillement en matériel Radio dans des circonstances particulièrement difficiles et dangereuses. »

296 — NOEL Camille, de Saumur, caporal au 131e d'infanterie, secrétaire du médecin-major, évacué en novembre 1915, pour maladie grave contractée en Champagne. Versé au 119e, comme caporal d'escouade, nommé sergent et décoré de la Croix de guerre, grièvement blessé d'une balle à la tête, au Chemin-des-Dames, en entraînant ses hommes à l'assaut, le 7 juillet 1917, cité à nouveau, à l'ordre de la brigade.

> « Sous-officier calme, énergique et dévoué, auxiliaire précieux du Commandant de Compagnie dans un secteur particulièrement agité a donné un bel exemple d'activité et de courage, pendant la période du 1er au 11 juin 1917. »
> « Sous-officier brave et consciencieux, a brillamment entraîné sa demi-section le 7 juillet 1917 à l'assaut des tranchées

ennemies. Blessé au cours de l'attaque, n'a gagné le poste
de secours qu'après être venu rendre compte de sa situation au chef de bataillon. »

297 — NOUVELLE MAURICE, de Saumur, affecté au 90e d'infanterie, a été versé au 147e, caporal-fourrier. Campagnes de la Somme, Champagne, Verdun.

298 — OFFRAY ALEXANDRE, de Saumur, 582e T M.

299 — OGER HENRI, de Chemillé, conducteur au 9e escadron
du train et à la section automobile T M 108.

300 — OURTOULE MAURICE, de Saumur, à l'École d'artillerie de Poitiers, brigadier.

301 — PACREAU PAUL, d'Airvault (Deux-Sèvres), engagé
volontaire au 7e hussards, est entré au service des tanks
Nommé maréchal des logis et sous-chef de char, a été
cité le 23 octobre 1917, puis 2e citation le 18 avril 1918,
a été blessé.

   « Au cours du combat du 18 avril 1918, son chef de char
   ayant été blessé, a pris le commandement du char et a
   continué le combat. A été blessé en ramenant l'appareil è
   la position de ralliement. »

302 — PAGE CAMILLE, de Russé-Allonnes, versé au 82e d'infanterie.

303 — PAVIOT RAYMOND, de Saumur, classe 1918, engagé
au 27e dragons. Cité, gazé en juillet 1918, brigadier,
maréchal des logis.

   « Faisant fonction de chef de pièces les 16-17 juillet 1918,
   a fait preuve d'un courage et d'un entrain qui ont fait
   l'admiration de tous. A causé de lourdes pertes à l'ennemi
   par ses tirs des plus précis, s'exposant sans hésiter pour
   mieux tirer. »

304 — PÉAN ROBERT, de Bagneux, 3e dépôt équipage de la
flotte, Lorient, breveté timonnier au bord de la
« Jeanne-d'Arc ».

305 — PÉRINELLE GABRIEL, de Nantes, engagé volontaire
au 250e artillerie de campagne, cité.

Le lieutenant-colonel de Chaunac-Lanzac, commandant le 250ᵉ régiment d'artillerie de campagne cite à l'ordre du régiment: Périnelle Gabriel, mˡᵉ 19051, chauffeur à la 29ᵉ batterie :

« Conducteur dévoué a fait preuve de sang-froid et d'initiative, lors d'un violent bombardement. Blessé à son poste de combat le 15 juillet 1918. Blessure par éclat d'obus au-dessus de l'œil droit, ne s'est pas fait évacue et a continué le combat. »

A été décoré de la Croix de guerre avec étoile de bronze.

306 — PERRAUT Robert, de Saumur, engagé volontaire au 3ᵉ hussards, nommé élève aspirant au 31ᵉ d'infanterie. Aspirant à Saint-Cyr, blessé en mars 1916. Promu sous-lieutenant et lieutenant au 66ᵉ d'infanterie. A été cité et blessé deux fois, après une admirable résistance a été enveloppé et fait prisonnier le 19 juillet 1917.

307 — PERRAY Alfred, de Montreuil-Bellay, nommé sous-lieutenant au 77ᵉ d'infanterie, affecté au 409ᵉ, fait prisonnier devant Verdun en mars 1916.

308 — PERRIGAULT Georges, de Ligueil (Indre-et-Loire), parti avec le 169ᵉ d'infanterie, versé comme brancardier à la 73ᵉ division, blessé août 1917.

309 — PETIT Constant, de Saumur.

Mobilisé le 2 août 1914, médecin A.-M. Iʳᵉ Cl. Ambulance 3/9. Successivement médecin-chef ambulance 2/9, médecin-chef du 401ᵉ régiment d'infanterie, médecin-chef du Centre ophtalmologique de la 7ᵉ région à Besançon. Médecin-major de 2ᵉ classe le 18 novembre 1916. Décoré de la Légion d'honneur.

Ordre de la brigade :

« Chef de service remarquable, dont les brillantes qualités aussi bien d'ordre militaire que d'ordre technique ont été mises en lumière pendant le séjour de son régiment dant un secteur d'attaque; a choisi judicieusement les emplacements des P. S. de bataillon et a assuré d'une façon parfaite du 16 avril au 7 mai 1917 le service des évacuations, quoique ne disposant que d'un poste régimentaire soumis à de fréquents et violents bombardements. »

Ordre de l'armée :

« Médecin-major de haute valeur, d'une remarquable compétence technique et d'un courage à toute épreuve. S'est distingué par son dévouement et ses initiatives heureuses dans le service des évacuations du 16 avril au 7 mai 1917. A été très grièvement blessé le 5 août 1917 en Belgique, au cours d'un violent bombardement. Une citation. »

310 — PETIT René, de Saumur, officier d'administration de 2ᵉ classe, à l'ambulance 13/7.

311 — PETITJEAN François, de Saumur, au 14ᵉ d'artillerie volante, Monastir.

312 — PIETRE André, de Dampierre, capitaine au 135ᵉ d'infanterie.

313 — PIHOUÉE Pascal, de Doué, incorporé au 33ᵉ d'artillerie, nommé brigadier à la 72ᵉ batterie volante d'autos-canons contre aviatiks, devant Verdun, aspirant 106ᵉ d'artillerie lourde, sous-lieutenant le 15 janvier 1919.

314 — PINÇON Pierre, de Contigné, 3ᵉ régiment d'artillerie coloniale.

315 — PINEAU Bernard, revenu du Canada, envoyé dans les Dardanelles avec le 7ᵉ régiment de marche.

316 — PLOQUIN Prosper, d'Allonnes, du 6ᵉ génie, blessé à Marcotel en octobre 1914, brancardier. 4 fois cité, décoré de la médaille militaire anglaise.

Ordre nº 14 du régiment, en date du 16 octobre 1915 :
« N'a cessé d'assurer, sous le feu, le transport des camarades de sa section blessés. A été blessé lui-même. »
Ordre nº 74, de la 3ᵉ brigade du Maroc, du 30 août 1916 :
« S'est distingué par son activité, son énergie et son courage, dans l'exécution méthodique, malgré le bombardement ennemi, de travaux importants, dans un secteur d'attaque. »
Ordre nº 24, de la 3ᵉ brigade du Maroc, du 7 juillet 1918 :
Brancardier d'une bravoure et d'un dévouement absolus. Pendant toute la journée d'une attaque, s'est dépensé jusqu'à la limite de ses forces, pour assurer le pansement et le transport des blessés. »

Ordre n° 65 R. du 1er corps d'armée du 1er août 1918 :
« Brancardier d'un dévouement et d'un courage au-
dessus de tout éloge, personnifiant d'une façon complète
l'idée du devoir. S'est dépensé jusqu'à l'extrême limite de
ses forces, et avec un mépris total du danger, pour soigner
et transporter les blessés. »

317 — POISSON ALPHONSE, de Saumur, ayant rejoint le
9e escadron du train, a fait la campagne au ravitaillement, versé au 33e d'artillerie, a été affecté au 20e.
A été blessé le 1er octobre 1917. Croix de guerre.

318 — POISSON CHARLES, de Saumur, des services auxiliaires,
affecté à la section C. O. A. de la gare de rassemblement,
Angers.

319 — POISSON FRANCIS, de Saumur, a rejoint la poudrerie
du Ripault. Section C. O. A.

320 — POISSON PIERRE, de Saumur, caporal-fourrier au
68e d'infanterie, parti au front avec le 90e, a rejoint de
nouveau le 68e. Nommé sergent-fourrier, puis adjudant,
a été cité en décembre 1916. Blessé en juin 1917. Passé
dans l'aérostation comme observateur en ballon captif.

321 — POITOU MARCEL, de Saint-Florent, chef d'escadron
au 9e chasseurs à cheval, promu lieutenant-colonel.
Cité. Promu officier de la Légion d'honneur le 28 novembre 1918.

Le 5 octobre 1918 : « Officier supérieur de haute valeur
morale, n'a cessé depuis le début de la mobilisation, aussi
bien aux spahis auxiliaires algériens que dans un régiment
français, de donner le plus bel exemple de dévouement, de
bravoure et d'esprit de discipline. »

322 — PRADEAU GUSTAVE, de Saumur, maréchal des logis
au 7e hussards, cité.

323 — PRIOU DE MEURE GEORGES, lieutenant-colonel
au 3e zouaves, nommé colonel au 3e *bis* de zouaves,
commande la 76e brigade algérienne, cité à l'ordre du
jour par l'un des régiments qu'il a conduits au feu le

5 septembre et, le 20 octobre 1916, à la reprise de Douaumont. Promu général de brigade.

Nous ne savons s'il existe des précédents à la citation dont vient d'être honoré le colonel Priou, faisant fonction de général et commandant sous Verdun la   e brigade d'infanterie. Le colonel Priou a été cité à l'ordre du jour par l'un des régiments qu'il a conduits au feu. Voici l'ordre no 85, du 5 septembre 1916, qui nous est communiqué :
Le   e zouaves et son colonel, respectueusement reconnaissants au chef qui les a brillamment conduits au combat pendant la bataille de Verdun, citent à l'ordre du corps le colonel Priou, commandant la   e brigade, et revendiquent ainsi la fierté de lui donner une place d'honneur parmi les braves du régiment. »

324 — QUIOT Charles, d'Antibes, est parti lieutenant au 10e hussards. Nommé capitaine, versé au 12e d'infanterie.

325 — RACAUD Eugène, de Bagneux, incorporé au 90e d'infanterie.

326 — RAGAIN Jules, de Saumur (Croix-Verte), au 151e d'infanterie, passé au 37e d'artillerie, puis au 10e d'infanterie, armée d'Orient, cité.

327 — RAIMBAULT Victor, de Saumur, appelé au 33e régiment d'artillerie.

328 — RAISIN Émile, du Vaudelnay-Rillé, maréchal des logis au 33e d'artillerie de campagne, puis au 44e d'artillerie, cité à l'ordre du régiment.

«Excellent sous-officier d'un dévouement exemplaire; bien que d'une classe ancienne, lui donnant droit à un poste à l'arrière, est resté volontairement à la batterie, s'est déjà distingué aux combats de Champagne de septembre 1915, à Verdun en mai-juin 1918, à nouveau en Champagne 1917, en assurant son service aux positions de batterie dans des conditions difficiles. Le 14 janvier 1918, se rendant à une batterie a réussi à franchir un village violemment bombardé en accomplissant ainsi la mission dont il était chargé. »

329 — RANNAUD François, de Vernantes, maréchal des logis au 5e cuirassiers, affecté comme agent de liaison

au 32e d'infanterie, est présentement maréchal des logis-chef artificier au train de combat. Cité.

Sous-officier d'élite. A donné à maintes fois au cours de la campagne des preuves de sang-froid et de bravoure. Sous-officier artificier d'un bataillon, a assuré le ravitaillement de son unité par tous les moyens jusque sur la ligne de feu malgré les plus violents bombardements, notamment pendant les combats de juin et de juillet 1918. »

330 — REAU Paul, de Saint-Varent (D.-S.), au 232e d'infanterie, C. H. R., cycliste du colonel, cité à l'ordre du régiment.

330bis — RENAUDET Charles, de Nueil-sous-les-Aubiers (D. S) d'abord brigadier au 33e d'artillerie, puis au 70e d'infanterie territoriale et au 33e d'artillerie de campagne.

330ter — RENIER Maxime, des Rosiers, du 90e d'infanterie, évacué deux fois pour blessure et maladie, passe au 122e, est nommé caporal-fourrier puis sergent. Cité à l'ordre du corps d'armée, et de la brigade.

« Énergique et brave. Déjà blessé deux fois. Le 4 août, au cours d'une attaque allemande, a brillamment maintenu ses hommes sous un feu meurtrier. Tout en assurant énergiquement son service, pansait et réconfortait les blessés. A été blessé pour la troisième fois, le 7 août, en assurant la défense d'une tranchée conquise. »

331 — RENOU Adrien, d'Allonnes, au 32e d'infanterie, versé caporal au 17e bataillon de chasseurs, passe au 50e bataillon puis au 1er bataillon de chasseurs, cité, blessé à Tahure le 18 juillet 1918.

332 — RÉTIF Clément, de Vivy, au 131e d'infanterie, 2 fois blessé.

333 — RIBOT Lyonel, de Saumur, sapeur 6e génie, nommé sergent.

334 — RICHARD Ernest, de Chouzé, au 2e cuirassiers.

335 — RICHOU Fernand, de Villebernier, engagé volontaire, au 135e d'infanterie, nommé caporal sur le front

grièvement blessé en septembre 1914, à Prosnes. Rentré à son dépôt, est versé dans le service auxiliaire, cité, nommé au 66e d'infanterie, sergent.

« A toujours rempli ses fonctions d'agent de liaison, avec un zèle et un courage au-dessus de tout éloge. Blessé légèrement une première fois à Bièvre, le 23 août 1914, il n'en a pas moins continué à assurer son service sous une fusillade intense et sur un terrain dépourvu d'abri. S'est constamment fait remarquer par son entrain durant les marches pénibles de la retraite, encourageant ses camarades par son exemple. Enfin gravement blessé à Prosnes, le 14 septembre 1914, n'a pas cessé de faire preuve du plus bel esprit de discipline et de courage. Croix de guerre.

336 — RICHOU VICTOR, de Villebernier, soldat au 66e d'infanterie.

337 — RIVEREAU JOSEPH, de Bagneux, soldat aux 49e et 269e d'artillerie de campagne.

338 — ROBERT EDMOND, de Soulièvres, maréchal des logis chef, promu sous-lieutenant au 7e d'artillerie à pied, en février 1917.

339 — ROBERT ÉMILE, de Saint-Varent, maréchal des logis section d'automobiles.

340 — ROBERT ÉTIENNE, de Soulièvres (D.-S.), au 125e d'infanterie, blessé grièvement à l'épaule, le 23 août 1914.

341 — ROBREAU EUGÈNE, de Baugé-les-Verchers, a rejoint le 135e d'infanterie, à Angers, sergent-fourrier. Blessé le 7 mai 1916 à la cote 304 et le 16 avril 1917 à Craonne. Cité à l'ordre du régiment le 4 mars 1918.

342 — ROULAND PIERRE, de Saumur, au 35e d'artillerie, passe au 22e d'artillerie de campagne.

343 — ROUSSEAU PIERRE, de Saumur, 30e d'artillerie, cité à l'ordre du jour, mai 1918.

344 — ROUX Fernand, des Ulmes, au 4e bataillon de chasseurs, a eu la mâchoire inférieure fracassée par une balle, en Champagne, le 27 septembre 1915.

345 — ROUX René, de Saumur, engagé au 3e hussards, passé au 5e dragons.

346 — ROY Henri, de Seuilly, passe au 40e d'infanterie et au 120e d'infanterie.

347 — ROY Joseph, de Dampierre, 70e territorial.

348 — SAINTON Albert, de Saumur, eut la cuisse droite fracturée le 22 août 1914 en Belgique; fait prisonnier il rentre en France en juillet 1918 comme grand blessé : réformé n° 1.

349 — SAINTON Gérard, de Saumur, au 266e, a fait toute la campagne, versé à l'arsenal de Roanne en mars 1917.

350 — SAINTON Roger, de Saumur, mobilisé au 66e d'infanterie, grièvement blessé à Ypres le 26 octobre 1914, rejoint le 266e, puis est versé S. A. au 26e chasseurs à pied.

351 — SALMON Robert, de Chacé, mobilisé au 32e d'infanterie, a été blessé, service automobile, armée d'Italie, 76e d'infanterie, cité.

352 — SANZAY Benjamin, de Chacé, maréchal des logis, chef de poste.

353 — SANZAY Marcel, de Chacé, classe 1918, engagé volontaire au 11e d'artillerie lourde.

354 — SEBILLE Pierre, de Rou-Marson, 67e territorial, puis 222e et 101e. Caporal.

355 — SERVANT Eugène, de Coulonges (Deux-Sèvres).

356 — SIMON Jacques, de Saumur, au 232e d'infanterie, commandant la 6e compagnie de mitrailleurs. Blessé

en Lorraine. Cité 2 fois à l'ordre du jour, a été nommé capitaine.

357 — SIMON MARCEL, de Saumur, incorporé au 6ᵉ génie, a été affecté à la 24ᵉ section d'autos projecteurs, à Courbevoie. Est parti au front, 224ᵉ section autos-projecteurs, cité.

> « A conduit sa voiture avec le plus grand sang-froid, méprisant le danger, donnant à tous un bel exemple de courage. »

358 — SIMON PIERRE, de Saumur, se trouvait à bord du *Bouvet* lorsque ce bâtiment coula dans les Dardanelles, a pu s'accrocher à une planche jusqu'à ce qu'une vedette anglaise vienne le sauver. Cité à l'ordre de l'armée navale pour sa brillante conduite, est nommé enseigne du *Jean-Bart*, passe sur le *Fauconneau*, torpilleur d'escadre, puis à bord du *Pagis*.

359 — SIMON ROBERT, entré à Saint-Cyr, aspirant au 7ᵉ hussards.

360 — SIRUGUET ROBERT, de Chinon, adjudant-aviateur, cité à l'ordre du jour, escadrille C. 4.

361 — SPRÉCHER RAYMOND, de Saumur, maréchal des logis au 33ᵉ d'artillerie, a été blessé.

362 — TAILLEBOUIS MAURICE, de Thouars, au 114ᵉ d'infant.

363 — TAVEAU PAUL, de Bagneux, appelé au 8ᵉ d'artillerie, versé A. L. G. P., convoi auto 633.

364 — TAVEAU ROBERT, de Saint-Martin, incorporé au 34ᵉ d'artillerie, versé à la 72ᵉ batterie, nommé brigadier au 109ᵉ d'artillerie à Monastir, revenu en France, atteint du gaz ypérite, passé au 412ᵉ d'artillerie lourde, puis au 132ᵉ, 2ᵉ fois blessé, maréchal des logis.

365 — Du TEMPLE RENÉ, de Loudun, lieutenant au 3ᵉ d'artillerie à pied, promu capitaine au 3ᵉ régiment d'artillerie à pied, cité, chevalier de la Légion d'honneur.

366 — THIBAULT Octave, de Meauzé-Thouarsais (Deux-Sèvres), adjudant au 67e territorial.

367 — THOREAU Georges, de Saint-Hilaire-Saint-Florent, engagé au 21e dragons, passe au 8e cuirassiers à pied, aspirant.

368 — THOURET Joseph, de Bourgueil, lieutenant au 70e territorial et au 240e. S'est battu à Lassigny, nommé capitaine, cité. Décoré de la Légion d'honneur.

« Lieutenant Thouret, commandant la 3e compagnie du 240e régiment territorial. Officier brave et énergique, a maintenu malgré de violents tirs de barrage, par son attitude énergique et son réel mépris du danger, les corvées de ravitaillement dont il était chargé. »

369 — TOULMÉ Florent, de Vernantes, incorporé au 25e dragons, nommé brigadier, passe sur sa demande à une compagnie de mitrailleuses du 228e d'infanterie, promu sergent, cité, est blessé et fait prisonnier le 25 juillet 1917, à Hurtebise, interné au camp de Dulmen (Wesphalie), évadé, repris.

Maréchal des logis mitrailleur, au front, depuis le début de la campagne. Lors de l'attaque du 21-3-17, sous un violent bombardement, a entraîné sa section de mitrailleuses avec un courage et un entrain remarquables. »

370 — TOURON Louis, de Distré, au 68e d'infanterie, passé au 66e.

371 — TOURON René, des Rosiers, classe 1918, au 44e d'infanterie, cité.

372 — TRAXLER André, de Vivy, au 5e génie.

373 — TULASNE Léon, lieutenant, puis capitaine d'infanterie coloniale. Décoré de la Légion d'honneur, médaille coloniale Tonkin, Madagascar, Maroc.

A l'ordre de l'armée (5e armée) :
Tulasne Léon, capitaine commandant la 3e compagnie du 35e bataillon de tirailleurs sénégalais

« Officier énergique, plein de crânerie dans le combat, a dirigé avec la plus grande fougue une avance difficile sous des feux de mitrailleuses de face et de flanc. Le 5 septembre 1918, a franchi la Vesle, sous un bombardement violent, avec une partie de sa compagnie, a pris possession d'un bois malgré la résistance de l'ennemi, repoussé à la baïonnette, et s'y est maintenu. Le 6, a poursuivi son avance avec le concours des autres unités du bataillon et atteint les lisières du premier objectif. N'a cessé de montrer la plus grande bravoure personnelle et de maintenir un ordre parfait dans son unité. »

Une blessure antérieure.

A l'ordre du C. A. :

Tulasne Léon, capitaine commandant le 3e bataillon du 4e régiment d'infanterie :

« Commandant par intérim un bataillon formé depuis quelques jours seulement de compagnies françaises et sénégalaises, l'a conduit au combat, le 30 septembre 1918, avec une autorité et une crânerie qui ont été pour une large part dans le succès. Se tenant en toute première ligne dès le début de l'attaque, a dû, à son action personnelle immédiate et pressante, la réussite du passage de la Vesle, exé uté sous un feu nourri dans des conditions particulièrement difficiles. »

Une citation et une blessure antérieures.

374 — TURPIN Fernand, d'Allonnes, 78e d'infanterie, versé au 372e à Salonique, passe au 14e bataillon de tanks du 505e d'artillerie. Conducteur de chars, A.-S. 342. Brigadier. Blessé au Labyrinthe et à Monastir.

375 — VAILLANT René, de Saumur, au 82e d'artillerie.

376 — VALLÉE Léopold, d'Avoine (Indre-et-Loire), dans les services auxiliaires.

377 — VANDANGEON Paul, de Bressuire, adjudant de bataillon au 19e d'infanterie, cinq fois cité et croix de guerre belge.

378 — VELCH Jean, de Saumur, 2e groupe d'aviation.

379 — VENDREDY Marcel, de Saumur, est mobilisé section des chemins de fer de campagne, a été au front sur sa demande.

380. — VENON Fernand, de Saint-Cyr, sergent au 125e d'infanterie, combats de la Marne, d'Ypres, de Zonnebecke, de la Somme.

381 — VERCELLETTO Jacques, de Saumur, sergent au 366e d'infanterie. Cité 2 fois. 1 blessure.

A l'ordre du 366e régiment d'infanterie, no 152, 13 septembre 1918 :

« Excellent sous-officier, ayant un sentiment très élevé de son devoir. A pris part sur sa demande à un coup de main a très bien dirigé un groupe engageant résolument le combat avec plusieurs ennemis qui n'ont pu fuir qu'à la faveur d'un réseau. »

Ordre de l'I. D. 132, no 78, 11 novembre 1918.

« Sorti comme chef de section en première vague pendant la bataille du 20 août 1918, a par son habileté son courage et son sang-froid, su enlever les objectifs qui lui étaient assignés, enlevant plusieurs mitrailleuses et mitraillettes et capturant avec sa section de nombreux prisonniers

Toujours plein d'allant et plein d'entrain est pour tous un gradé exemplaire de bravoure et de calme. »

382 — VINET Émile, de Saumur, 84e d'artillerie lourde.

383 — VOISIN Paul, de Château-Lavallière, nommé sergent mitrailleur au 70e territorial, proposé pour le grade d'adjudant.

384 — WILLOTTE Abel, de la Flèche, 26e chasseurs à pied, grièvement blessé le 3 octobre 1918 à Saint-Quentin. Cité.

« Engagé volontaire, jeune et ardent. A été grièvement blessé au cours de l'attaque du 3 octobre 1918, en assurant avec son fusil-mitrailleur une mission particulièrement dangereuse. »

385 — WIMPFFEN Jean, de Saumur, aspirant, 11e cuirassiers à pied.

386 — XAINTE Auguste, de Bagneux, incorporé au 266e d'infanterie. Versé au 277e. Cité à l'ordre du régiment.

387 — XAINTE Gaston, de Bagneux, mobilisé au 135e d'infanterie, versé au 421e bataillon de marche, affecté au 224e d'infanterie. Croix de guerre, mai 1917.

388 — XAINTE Louis, de Bagneux, cavalier au 2e chasseurs
d'Afrique, 2 citations.

« Eclaireur d'élite, toujours volontaire, a montré un
mépris complet du danger en prenant part à la prise du
village de Marunli (Serbie), le 27 septembre 1918. »
La croix de guerre et médaille coloniale.

389 — YVON Charles, appelé au 70e territorial comme sergent, affecté adjoint au chef du groupe A, à la gare
d'Amboise.

Angers, imp. G. Grassin, Richou Frères, successeurs. — 16-20.